dtv

Wenn einer eine Reise tut – kann er schon von unterwegs den daheimgebliebenen Lieben was erzählen. Christiane Grefe widersteht der Versuchung, sich auf einer paradiesischen Insel zu diesem Zweck in die einzige Telefonzelle zu begeben, die dort wie eine Fata Morgana in der Landschaft steht. Statt dessen beschreibt sie in Briefen Lust und Last des Reisens zu Lande, zu Wasser und in der Luft. Was ihr auf Dienst-, Urlaubs- und Abenteuertouren widerfährt, wird Reiselustige an Selbsterlebtes erinnern und zum Philosophieren über die geteilte Passion anregen. Sogar Reisemuffel können sich gefahrlos an tragikomischen Anekdoten von Hotelbar-Bekanntschaften und Zugbegleitern, von Urlaubsknatsch und Orientierungsproblemen, von Notquartieren und Luxusabsteigen delektieren. Die Autorin muß trotz oder wegen aller Widrigkeiten bald wieder aufbrechen, egal ob nach Bitterfeld oder Sansibar. Denn nirgendwo ist es schöner als – unterwegs.

Christiane Grefe, geboren 1957 in Lüdenscheid, bezeichnet ihre Reisetasche als ihr Zuhause. Sie schreibt als freie Autorin u. a. für ›Geo‹, ›taz‹ und die ›Süddeutsche Zeitung‹. Buchveröffentlichungen u. a. ›Das Ende der Spielzeit. Wie wir unsere Kinder verplanen‹ (1995).

Christiane Grefe

Reisen

Kleine Philosophie der Passionen

Deutscher Taschenbuch Verlag

Originalausgabe
Juli 1998

Umschlagkonzept: Balk & Brumshagen
Umschlagbild: Alfons Holtgreve
Satz: Design-Typo-Print GmbH, Ismaning
Gesetzt aus der Bodoni Book 10,5/13,5 Punkt (QuarkXPress 3.32 Mac)
Druck und Bindung: C. H. Beck'sche Buchdruckerei, Nördlingen
Gedruckt auf säurefreiem, chlorfrei gebleichtem Papier
Printed in Germany · ISBN 3-423-20163-0

Inhalt

»Was ich habe, will ich nicht verlieren, aber
wo ich bin, will ich nicht bleiben, aber
die ich liebe, will ich nicht verlassen, aber
die ich kenne, will ich nicht mehr sehen, aber
wo ich lebe, da will ich nicht sterben, aber
wo ich sterbe, da will ich nicht hin, aber
bleiben will ich, wo ich nie gewesen bin.«

Thomas Brasch

Hin und Weg

Über die Sehnsucht nach der Sehnsucht

Liebe Hannah, ursprünglich wollte ich Dich ja anrufen: aus der schönsten Telefonzelle der Welt. Einsam steht sie im Sand, ein paar hundert Meter Fußweg hinter der winzigen Anlegestelle der Seychelleninsel La Digue. Auf dem schmalen Strandpfad dorthin muß man sich unter den Palmen her ducken, die beinahe waagerecht dem glasklaren Wasser entgegenstreben. Grenzenlos weit ist dabei der Blick übers Meer, das in unzähligen Aquamarin- und Türkistönen funkelt; und wie viele Schattierungen es gibt bis ins Flaschengrüne und schließlich »weltenweite« Tiefblau! Leise umspülen die Wellen riesige Felsbrocken, die auf dem Strand sitzen wie versteinerte Meeresschildkröten. Kein Mensch zu sehen. Und dann plötzlich in der prallen Sonne ganz unwirklich das aufrechte Glashäuschen. Selbst aus 8000 Kilometern Entfernung klinge die Stimme, so schwärmen die Leute am anderen Ende der Leitung, als melde man sich von gleich nebenan. Die Satellitenschaltung aus dem Paradies. Ich zögerte einen Moment. Deine Nummer hatte ich schon im Kopf. Warst Du je am Ziel Deiner Sehnsucht, hätte ich Dich in den Hörer hinein gefragt; am Ziel *der* Sehnsucht sogar, denn den Traum von einem Ort wie diesem hat wohl jeder. Doch dann beschloß ich, vor einer Fata Morgana zu stehen, und daß es im Garten Eden höchstens Flaschenpost gibt. Nahm ein köstliches Bad und kehrte, naß wie ich war, um. Lieber schreibe ich Dir von meinen Wirren mit diesem vieldeutigen, süßlich quälenden Gefühl, das mich auch hier wieder umtreibt, ganz altmodisch mit Tinte auf Papier – weil uns Briefe auch im Zeitalter der technischen Kommunizierbarkeit noch einen Rest von der alten Romantik des Fern-, Getrennt- und unerreichbar Abgeschnittenseins vorspielen.

Die Sehnsucht: Paß auf, gleich wirst Du sie selber empfinden und vor Fernweh dahinschmelzen, wenn ich Dir vom archaischen Dschungel des »Vallée de Mai« auf der Insel Praslin erzähle. Dort gibt es Pflanzen wie Brontosaurier und jene riesige Kokospalme »Coco de Mer«, deren Phallus und Frucht so unschuldig lustvoll wie Adam und Eva vor dem Sündenfall erscheinen. Durch diesen Tropenwald fuhren wir irgendwann weiter zur Goldküste, und stiegen dort ebenso planlos irgendwann ins Boot, um zur nächsten Insel zu segeln, salzig benetzt von warmer Gischt, von lauem Wind und Delphinen umspielt. Viel zu schnell waren wir da. Am Steg holte uns Edouard mit einem hölzernen Ochsenkarren ab; der Alte im weißen Gewand wartete auf seinem Kutschbock. Sanft schaukelten wir zu unserem Hotel. Gedämpft wie in einem Zimmer klang das Ruckeln und Holpern auf den Lehmwegen, die überwachsen waren von üppigem, fettem Grün. Rechts und links die leuchtend lila blühenden Bougainvilleen; mit geschlossenen Augen atmeten wir Vanille, Zimt und den Duft rosaweißer Frangipaniblüten ein. Edouard schenkte frischen Palmwein aus, der uns süßsauer betörend zu Kopfe

stieg. Und seither wiegen wir uns selig in Langsamkeit ...

Na, hast Du schon gebucht? Laß mich Dich noch weiter quälen: Zwischen Vorlesungen, Klausuren und eiligem Wochenendeinkauf wirst Du es Dir wohl kaum vorstellen können, daß man viele, viele Stunden allein damit zubringen kann, zu beobachten, wie sich eine Kokosnußschale träge auf den Wellen treiben läßt. Wie ein tiefschwarzer Mann, bis zur Hüfte im Wasser, meditierend seinen Körper betrachtet. Wie die Palmspinnen mit gruselig langen Beinen in ihren Netzen herumschleichen. In Zeitlupe fegen die Alten jedes welke Blatt einzeln vom Weg. Junge Mädchen, in deren atemberaubender eur-afrik-asiatischer Schönheit sich die ganze Siedlungsgeschichte spiegelt, flechten einander geduldig winzige Zöpfchen, wobei auf dem Kopf allmählich ein Rhombenmuster entsteht. Dazu aus dem Radio leise Sega-Musik, schwül und lasziv. »Larzen i bon, me i troser«, sagen die Seychellois in ihrer Sprache Kreolisch, die das Französische charmant verhunzt, »Geld ist schon gut, aber zu teuer«. Einleuchtend in einer Welt, wo einem Mangos, Brotfrüchte und Bananen in den Mund wachsen. Selbst Thomas, mein Reisegefährte, der Allzeit-Erreichbare-14-Stunden-Tag-Thomas hat sich hier schnell in einen glücklichen Wilden verwandelt. Nur mit der Badehose bekleidet, schreitet er morgens bei der Rasur gemächlich unter Orchideen hin und her: In der einen Hand hält er einen kleinen Spiegel, in welchem er sich zufrieden betrachtet. In der anderen eine Nagelschere; damit schneidet er seine Barthaare einzeln ab, nachdem er sich von einem nach dem anderen reiflich verabschiedet hat. Aus der Zeit gefallen, aus dem pochenden, fordernden Rhythmus unseres Alltags. Morgens einen ganzen langen leeren Tag vor sich haben. Niemals wissen, was man als nächstes tun wird. Draußen sein in der tropischen Mutterbauchwärme der Natur. Träumen, faulenzen, dösen. Den Körper baden, entspannen, heilen, sich zeigen: Wir wollen hier nie wieder weg!

Wollen wir nie wieder hier weg? Es ist so eine Sache mit der Erfüllung der Sehnsucht ... Denn heute überkam mich plötzlich ganz unparadiesische Melancholie; statt Unternehmungslust oder genüßlicher Faulheit ein diffuses, unerklärliches Unruhe- und Leeregefühl. Nicht daß ich undankbar oder unzufrieden wäre, jede Minute hier ist ein kostbares Geschenk; es ist auch nicht Langeweile, die mich umtreibt. Aber was ist es dann?

Wie ich Dich kenne, denkst Du jetzt ganz politologisch, es hole die andere Seite der Wirklichkeit meine verklärende Wahrnehmung ein: Wie viele der Cassava- und Kokosbauern und Fischer in zerrissenen Hosen, die neben unseren schönen Hotels leben, können tatsächlich nicht einmal ihre Familie ernähren. Von wegen Garten Eden: Die Frauen, die so photogen auf Knien im Fluß ganze Gebirge bunter Kleider reiben und schrubben, stellen sich unter dem Paradies vermutlich am ehesten den Besitz einer Waschmaschine vor. Weiß Gott, die Ungerechtigkeiten und Gleichzeitigkeiten verwirren und machen ein schlechtes Gewissen, zumal man sie in der kurzen Zeit und ohne Dolmetscher nicht einmal richtig ergründen kann. Doch das ist nicht das Unbehagen, von dem ich Dir heute schreibe.

Komm, sei ehrlich, höre ich Dich nun spotten, dann bist du eben gekränkt, daß deine Idylle durch die vielen anderen Urlauber entweiht wird, die alle genau das gleiche suchen wie du. Auf mich seien die »Schatten der Eintretenden ins Paradies« gefallen, wie Bloch einmal schrieb; Schatten, die ich zudem, was schlimmer ist, auch noch selber werfe. Doch wie Du weißt, fehlt mir für die Abenteuer ohne doppelten Boden, bei denen man alle anderen hinter sich läßt, ohnehin der Mut – und zugleich bin ich andererseits realitätstauglich genug, mit meinen zahlreichen Konkurrenten um die verstecktesten Buchten zu rechnen. Von wegen narzißtischer Kränkung: Ganz im Gegenteil habe ich längst aus der Not eine Tugend gemacht, indem ich »die Touristen« als Teil der Exotik betrachte (so wie diese vermutlich auch mich). Die Neugierde des Reisenden richtet sich schließlich auf jeden Gegenstand: Oh, wie gerne lästern wir über die quietschenden britischen Piz-Buin-Hühnchen in ihren Hüfttüchern vom letzten Club Méditerranée-Urlaub, die mit den einheimischen Beach Boys im Rasta-Look herumgiggeln! Erst recht über ihre Eltern, die noch viel alberner als ewig junge Kopien ihrer Kinder herumlaufen. Bei den italienischen Machos wie aus der Karikatur spielen wir immer »Wetten, daß ...« und haben mit unseren Spekulationen über den nächsten Schritt im Balzprogramm fast immer recht. Oder diese Oberexperten, natürlich meist Deutsche, die sich, egal wo sie sind und in diesem Fall mit »dem Seychellois«

grundsätzlich tausendmal besser auskennen als die Einwohner selber. Genüßlich treibe ich meine Studien, bäuchlings auf dem Handtuch liegend oder abends am Buffet. Unterhaltsamer Höhepunkt war bisher ein mehrere Tage andauernder Nieselregen aus tiefhängenden Wolken, lauwarm und ganz weich, aber doch unaufhörlich, wie sie da schimpften, die Paare im Foyer: »In unserem Reiseführer steht aber, daß jetzt Trockenzeit ist!« Dutzende Reisender hätten sich regelrecht beim Tourismusministerium über das Wetter beschwert, erzählte Paul. Paul würde Dir übrigens gefallen: ein kanadischer Photograph, der auch schon in ›Geo‹ beschrieben war; leise, witzig, rund und professioneller Sehnsuchts-Experte. Er lebt nämlich von unseren Wünschen und Projektionen, indem er auf den Seychellen Dreharbeiten für die Rum-, Mode- und Autowerbung organisiert. Was für ein wunderbarer Beruf: Man umsegelt, überfliegt und durchstreift diese herrlichen Inseln und sucht nach maximalen Idyllen und hübschesten Frauen. Schönheit als Standortfaktor: Hier haben sie zum Beispiel den berühmten Bacardi-Spot, den mit dem Limbo, gefilmt. Man schwankt, ob man es nur grotesk finden oder sich desillusionierend ertappt fühlen soll, wenn Paul erzählt, welche Inselformen und Strandgegebenheiten die Regisseure bevorzugen; oder wie sie gewisse doch noch vorhandene Makel – zerfetzte Palmblätter etwa, oder (sic!) Telefonzellen – nachträglich im kalten Europa mit dem Mausklick rausmanipulieren. Wie sie also, um mit perfekten Schlüsselreizen unser Fernweh zu entzünden, auch noch das Ideal idealisieren: »Ihr Traum ist nur wenige Stunden entfernt ...«

Genau einen Nachtflug weit. Meinst Du, meine kleine Tristesse sei bloß Heimweh, ganz banal? Wohl kaum, im Gegenteil herrscht eher Ernüchterung darüber, wieviel unausweichliches Zuhause ich mit hierher gebracht habe. Die blöden Niesanfälle jeden Morgen, die nach ein paar Tagen doch wieder angefangen haben; die kalte Wut über Thomas' Schnarchen auch in heißen Tropennächten; und nachts träume ich, obwohl am Ziel meiner Träume, meinen immer gleichen Leere-Zimmer-Alb. So weit du auch reisen magst, du selbst kommst eben immer mit. Dein Bürokrieg, dein Liebeskummer, Oma Holmeiers Schlaganfall. Deine innere Uhr. Irgendwann, nach einer ersten Phase genußvollen Abschlaffens, mußte ich mich beim Rückenpaddeln durchs glasklare Meer plötzlich dazu zwingen, wieder einzig und allein im Hier und Jetzt zu sein; dazu, nur dem leichten Streicheln des lauen Wassers und den Bewegungen meiner Arme und Beine nachzuspüren und dabei dem Spiel der Wolken über mir zuzusehen. Und seither dringt immer wieder das gewohnte Planungs- und Effizienzdenken ins paradiesische Nirwana: Während ich auf dem Fahrrad über Palmwurzeln ruckelte, schoß mir gestern der Gedanke durch den Kopf, es sei für heute noch nicht genug erlebt worden, und was ich alles vorhabe, wenn ich wieder daheim bin ... Dabei ist doch die Hoffnung, sich mit der Umgebung auch selbst zu verwandeln, des Fernwehs tiefster Kern; genauso schön, so freundlich und ungetrübt zu werden wie die projizierte Insel-Idylle, oder in New York genauso dynamisch, in Rußland so erdig und großherzig, in Italien lebensfroh und expressiv. Doch fremd ist und bleibt nur die Fremde – man wird es sich selbst leider nie.

Jetzt kommen wir meiner Wehmut schon eher auf den Grund. Denn um so schmerzlicher der Gedanke, daß sich diese Erkenntnis in der baldigen Abreise auch noch materialisiert. Der Traum ist endlich, die Gelegenheit schon wieder verpaßt. Ein Ethnologe, so las ich, vergleicht den Urlaub mit »liminalen Phasen«, die es in allen Kulturen gibt: mit jenen regelmäßig wiederkehrenden Feiern oder Ritualen, in denen die üblichen Normen außer Kraft gesetzt sind und jeder die Grenzen des Erwarteten überschreiten darf. Dann ist es zum Beispiel erlaubt, des Nachbarn Frau zu begehren oder, so wie wir es hier gerade tun, nachts 12 Stunden am Stück zu schlafen, und am Tage nochmal ein paar dazu; dann darf man sich in sonst nie getragene hautenge und schräg dekolletierte Minikleider wagen und mit wildfremden Menschen nachts im Nieselregen nackt ins Meer. Ausnahmezustand. So erinnert die plötzliche Leere auf dem Höhepunkt des Reiseglücks auch an genau jene merkwürdige Trauer, die man zu Weihnachten als Kind vor den Süßigkeitentellern und Spielzeugbergen empfand, wenn das Ziel der schier endlos andauernden Sehnsucht auf einmal Realität war, aber die Phantasie noch so stark, daß keine Wirklichkeit sie je einlösen konnte: Jetzt ist das Geheimnis gelüftet. Was nun? Wie geht es weiter nach der Erfüllung? Was kommt nach dem großen Kino-Kuß: Neue Sehnsucht? Nach einer neuen Reise? Nach der Sehnsucht? Oder danach, der Zustand des Unterwegsseins möge von viel längerer Dauer sein, min-

destens »einige Monate lang«, und gänzlich ergebnisoffen, so wie es die Hauptfigur der Novelle ›La vie de voyage‹ Joseph Arthur Comte de Gobineaus beschreibt: »Ich habe dieses Leben gekannt und ich sehne mich noch immer danach. Es ist das einzige eines denkenden Wesens würdige. Wer einmal davon gekostet hat, mag kein anderes mehr ertragen. Wer das Unvorhergesehene liebt, überläßt sich ihm hier vom Abend bis zum Morgen und morgens bis abends. Sensationslüsterne werden befriedigt, die Neugier gestillt, die Unbeständigen kommen nicht einmal dazu, des sich ihnen Entziehenden überdrüssig zu werden ...«

Liebste Hannah, auch Du gehörst doch zu den Vagabunden, bist immer auf dem Sprung, lebst immer auf irgendeinen Abreisetermin hin, gleich ob in Richtung Texas oder Bamberg, also wirst Du mich verstehen: Dieser Augenblick der Melancholie muß der Urgrund unserer Reisepassion sein. Der Moment, wo der wahrgewordene Traum mit dem Abschied davon, und der Erlebnisrausch mit der Ahnung, daß du dir wieder nicht entflohen bist, verschmelzen. Wir werden es wieder tun, und bezahlen mit den zwei Medaillen jeder Passion: Der Lust und Leidenschaft, neue Länder, Landschaften, Kulturen, Menschen, auch bisher nicht gelebte Möglichkeiten unserer selbst zu erobern – und dem Leiden an der unauflösbaren Widersprüchlichkeit dieses Versuchs. Wir werden das Reisen fortsetzen, wie eine Sucht, Sehn-Sucht: das Immer-wieder-los-müssen und Immer-weiter-wollen. Denn nicht das Ziel der Reise ist ihr Ziel, sondern das Reisen selbst. »Nur, wer die Sehnsucht kennt, weiß, was ich leide«, seufzt Goethes Mignon; sie weiß, daß die Sehnsucht keine Endstation hat.

Vielleicht sind deshalb hier im Hotel so oft Reisen das Gesprächsthema, die bisherigen und die, die wir und die Menschen, die wir treffen, noch vorhaben. Neue Verheißungen tun sich auf: Mauritius, erzählte Paul, sei eine atemberaubende Landschaft aus erloschenen Vulkanen, die steil ins Meer abfallen. Der Franzose am Nebentisch war tatsächlich schon an meinem Traumziel Timbuktu. Indien, den Kontinent, der noch jeden verändert hat, schiebe ich, weil ich mir für diese Erfahrung sehr viel Zeit nehmen will, immer wieder auf. Thomas träumt schon lange davon, die Entstehungsorte seiner Lieblingsbücher zu besuchen. Und ganz sicher werde ich, kaum wieder zu Hause, unbedingt wieder hierher kommen wollen. Wenn das Fernweh wieder schmerzt. So wie sich der alte Schweinezüchter und Copra-Bauer Edouard in die umgekehrte Richtung sehnt, den eine reiche Familie, weil er ihr Ferienhaus in Ordnung hält, einmal nach Europa eingeladen hat: Die Almen und die warenträchtigen Schweizer Großstädte, die er an seiner Zimmerwand dokumentiert hat, sind seither seine Vorstellung vom Paradies.

Mein Miami Vice

Nirgendwo ist die Freiheit größer als – irgendwo

»Hi, honey!« – hauchen und kreischen hier alle um mich herum, und mit der gleichen blöden Anrede kann ich Deine Verwunderung über den Absender und die Stars-and-Stripes-Briefmarke vielleicht noch ein wenig schüren. Wo Du, lieber Harald, mich doch ganz woanders, noch in den Anden, wähnst. Die habe ich leider schon hinter mir gelassen und beobachte gerade, mit dem Strohhalm an einem frischgepreßten Ananassaft saugend, jenen Ort, wo man den »fröhlichen und unbekümmerten American Way of Life« noch »fröhlicher und unbekümmerter« lebt als überall sonst in den USA – das behaupten sie jedenfalls in dem Reiseführer, den ich mir heute früh am Flughafenkiosk auf die Schnelle besorgt habe. Den allerdünnsten, den es gab. Schließlich mache ich den wohl kürzesten Florida-Urlaub meines Lebens: nicht einmal elf Stunden im Sunshine State; elf Stunden zwischen der Landung aus Lima um 6 Uhr 30 und dem Start nach München um 17 Uhr 10, herausgefallen aus Raum und Zeit in ein konkretes Niemandsland namens Miami Beach.

Fröhlich und unbekümmert würde ich meinen eigenen Zustand nicht nennen; eher benommen, wie beschwipst über die Gelegenheit, ein heißes Traumziel bloß mit einer kleinen Stippvisite zu beehren: Miami! Da steigt man mal eben so um, als wäre es der Übergang von Rosenheim Richtung Brannenburg, nach 15 Minuten Herumstehen auf Gleis 7. Nein, so weltläufig und abgebrüht bin ich noch nicht und werde und will es wohl auch niemals sein, daß mir dergleichen Jet-Hopping alltäglich vorkäme; ich finde es immer noch völlig verrückt, von der neblig klammen Pazifikküste Limas mitten in die Atlantikhitze hineinzudüsen, und von dort dann gleich weiter in den grauen Januarschmodder, der mich morgen in München erwartet. Die Seele flattert heiter entwurzelt, der Körper ist gleichzeitig schwerelos und bleiern müde, versteht zwischen acht und jetzt plötzlich dreißig Grad überhaupt nichts mehr. Habe mir also so viele Kleidungsstücke wie öffentlich erlaubt vom Leibe gerissen, ganz unten aus dem Rucksack die dunkle Brille ausgegraben und auf Empfehlung eines sehr viel abgebrühter weltläufigen Kollegen – »also, in Miami gehe *ich* ja immer ins News Café« – einen schirmfreien Sonnenplatz erobert, noch einmal tanken!, mitten auf dem palmenbestandenen Ocean Drive mit Blick über den mehr als 100 Meter breiten, weißen Strand. Cafés liebe ich, weil man in aller Ruhe beobachten kann.

Welch ein Getümmel: Zwischen Hotels dicht an dicht und monotonen Ferienwohnungshochhäusern treffen sich hier offenbar alle, die gelesen haben, daß sich hier alle treffen, die in amerikanischen Serien mitspielen (die Du ja so gerne siehst). Und so bin ich umzingelt von gebräunten, kalifornisch-vegetarisch-leicht ernährten und schwer durchtrainierten Schönen aus Idaho und Düsseldorf, alle in knappen Shorts aus Jeansstoff oder in

Tanga-Bikinis, die darauf warten, daß einer sie für ›Bay Watch‹, ›Miami Vice‹ oder dergleichen engagiert. Und alle mustern sie hengst- oder stutenbissig die gebräunten, kalifornisch-vegetarisch-leicht ernährten und schwer durchtrainierten Schönen, die ebenso hoffnungsvoll auf Roller Blades knapp an unseren Knien vorbeifegen. Nur ich habe fitneßuntauglich statt roher Gemüsestäbchen einen gehaltvollen kreolischen Eintopf aus schwarzen Bohnen bestellt, und ein King-Size-Eiscreme-Sundae mit dem Warnhinweis »rich«. Mein interkontinental-folkloristisches Dazwischen-Gericht! Viele würden fluchen, daß sie hier herumhängen. Meine Stunden aber sind die sogenannten verlorenen: Mit Sympathie für das Absurde richte ich mich in diesem vollkommen unverbindlichen, keinerlei Rechenschaftspflicht fordernden Zwischenreich ein.

So lebt der *global citizen*: Gestern noch das »Internationale Kartoffelinstitut« besucht; ja, das gibt es in Lima, ein Forscher aus der früheren DDR hat mir dort spannende Geschichten darüber erzählt, wie sie aus den Genbanken der Anden wertvolle alte Sorten, das »Gold der Inkas«, um Haaresbreite vor den Brandanschlägen des »Leuchtenden Pfades« gerettet haben. Nachmittags traf ich zum letztenmal Margherita, die mal in Deutschland studiert hat, und wir haben uns erst den Tango auf der Plaza im Stadtviertel Miraflores angeschaut und dann zu Gesprächen über den wundervollen Schriftsteller Mario Vargas Llosa deutlich mehr als einen Pisco Sour geleert, was mir die nötige Bett- oder besser Sitzschwere für den Jumbo verlieh.

Dann tauchst du ins Überall der großen Fluggesellschaften ein: jene Welt der riesigen Schalterhallen (oder Abflugbruchbuden), der Kofferfließbänder, Durchleuchtungs-, Zoll- und Paßschranken und global gültigen Waren, wo gleichzeitig hier und dort ist, 6 Uhr heute wie in Bombay und 15 Uhr gestern wie in Los Angeles, und Sommer und Winter, und wo dir übernächtigte Menschen mit schlechtem Atem in Pelzmänteln oder in kurzen Hosen begegnen. TRANSIT. Zarte Morgenröte. Männer mit weißem Hemd und Schulterstreifen winken am Ende endloser, teppichbodengedämpfter Gänge. American Citizens, please use the left lane. Wenn Sie in die Stadt wollen, füllen Sie die weiße Karte aus. Und nach der Busfahrt über Highway-Brücken, tiefblaue Buchten und entlang der pompösen Residenzen von Coral Gables findest du dich schlagartig im frisch renovierten, tropisch pastellfarbenen Art-Deco-District von Miami Beach und kaufst dem Schwager Jogging-Socken und T-Shirts im Dreier-Pack, weil es beides nirgends so günstig wie in Amerika gibt. Je nach Fluglinie könntest du jetzt genauso gut in Anchorage, Alaska, sein oder in Amsterdam: An keinem Ort, nirgends, elf Stunden lang. Die kleine Freiheit Nummer LH 463.

Ich verabscheue die Geschwindigkeit des Fliegens – und genieße doch die surrealen Situationen, in die sie uns abrupt wirft: Wo bin ich? Zurückgebeamt ins Jahr 1984, als ich genau hier, damals noch mit Peter, den verrückten kubanischen Kammerjäger kennenlernte – »Sie müssen schlauer sein als eine Kakerlake, Sie müssen denken wie sie ...!« – und wir anschließend am

»All-you-can-eat-seafood-buffet« mit Hummer und Shrimps beinahe am Proteinschock eingegangen wären? Oder bin ich in einem Reiseprospekt; einem Film? An einem Ort jedenfalls, der zugleich wirklich und völlig irreal ist, den ich so gut wie nicht kenne und wo ich mich trotzdem auf merkwürdige Weise zu Hause fühle, weil mir manche Gebäude und Kreuzungen aus der Erinnerung und die inszenierte Oberfläche aus -zig Büchern und Filmen vertraut sind. Darunter und dahinter zu schauen, ist angesichts der kurzen Zeit interessant, aber auch völlig wurscht, weckt in meiner merkwürdigen Besuchslage in gleichem Maße Neugierde wie Gleichgültigkeit. Alles mitnehmen, was geht – lohnt sich ja eh nicht. Ganz sicher aber ist dies ein Ort, an den ich nicht gehöre. Nicht einmal als Touristin. Denn ich bin ja nicht hergereist, sondern nur zwischengelandet, vorübergehend geparkt, versetzt, »verreist, so wie man verschläft«, hat Bodo Kirchhoff einmal geschrieben. Welcher Schlaf aber wäre süßer, tiefer und traumreicher als der ungeplante?

In den elf kostbaren Stunden hätte ich zum Beispiel die einschlägigen Museen, architektonischen und sonstigen Höhepunkte Miamis besuchen können. Für etwas ganz Wunderschönes Geld ausgeben, jemanden ansprechen, den ›Miami Herald‹ nach einer einzigartigen Veranstaltung durchforsten, irgendeinen unvergeßlichen Höhepunkt arrangieren. So wie zwischen Kenia und zu Hause damals den kurzen Besuch in der Londoner Tate Gallery. Doch statt dessen habe ich mir erst einmal die ›Süddeutsche Zeitung‹ gekauft. Und habe, ehe ich mich darin vertiefte, das aufregende Tor zu den Tropen, die Metropole des Badens und Shoppens, Kokainhandels und Versacemordes, der Seniorenresidenzen, breiten Boulevards, Hurricanes und karibischen Einwandererviertel in völliger Hingabe an Willkür und Zufall erst einmal für ein gemütliches Schläfchen genützt – den ganzen hellichten Vormittag lang. Mein Miami Vice.

Direkt am Strand fand ich eine kleine Absteige und handelte den knurrigen Rezeptions-Hispano im Achselhemd auf das zeitlich angemessene Drittel des Zimmerpreises runter. Stell Dir vor, mein erstes Stundenhotel! Ein jaulender Fahrstuhl, ein winziger Raum aus Plüsch und Plastik, in dessen hochflorigem Teppichboden noch der Rauch von mindestens sechs Vorgängern hing. Eine tröpfelnde Dusche, das Handtuch abgewetzt – und schon lag ich, erschöpft vom langen Nachtflug, mit ausgestreckten Armen und Beinen bäuchlings auf der Matratze, nur halb unter dem Laken, es war ja wie gesagt ungewohnt heiß. Durchs Fenster drangen leise die Geräusche der anhaltenden und wieder anfahrenden Autos auf dem Ocean Drive. Fernes Gelächter. Ein Kind springt kreischend in den Vorgarten-Pool. Nebenan ein Paar, das flüstert. Blechernes Scheppern, eine tiefe Stimme gerät mit einer jüngeren im »Southern Lingo« in Streit. Wer wäre ich hier? Eine viel zu früh verheiratete, adrette Vorgartenmutter, die ihren Kindern jeden Nachmittag Peanutbutter-and-Jelly-Brote schmiert? Eine Delphinvorführerin im »Seaquarium«? Oder eine übergewichtige Antirassismus-Aktivistin in Little Haiti? Hätte die Sprache einen anderen Menschen aus mir gemacht? Die Stimmen draußen werden immer leiser. Aus dem Nicht-Ort gleite ich noch weiter ins Anderswo. Und setze im Traum mein Spiel mit den anderen möglichen Leben fort, ehe mich mein wirkliches in wenigen Stunden wieder ereilt. Auch wenn Du mich reiseunwürdig findest, faul, dekadent, undankbar: Ich liebe sie, diese totale Unabhängigkeit, die nirgendwo anders so groß ist wie – irgendwo. Und am meisten beschwingt es, diese Freiheit *nicht* zu nutzen – also gerade. Man kann zum Beispiel auch sehr gut ganze Tage mit dem Lesen eines spannenden Buches in einem New Yorker Hotelzimmer verbringen. Oder extra einer Messe wegen nach Brüssel fahren, ohne sie dann zu besuchen, weil eine Kunstausstellung gerade anziehender ist. Oder mitten in den Sehenswürdigkeiten Roms bloß dasitzen und Tagebuch schreiben oder Briefe, so wie ich jetzt hier. Pure Gegenwart, die wir im voll verplanten Alltag viel zu selten genießen. Wie »zwischen den Jahren«.

Die Träume beim Transit in umgekehrter Richtung sind anders. Wenn man noch ganz im Trott ist, die Sachen noch nach zu Hause riechen, noch kein Dreck und kein Sand an ihnen klebt. Auf dem Weg in die Fremde hinein, urplötzlich abgenabelt, ist man flatteriger, leichter, ungeschützter. Neugierig, voller Spannung, auch ein wenig unsicher: Was kommt wohl auf mich zu? Da flackert noch ein Rudiment jenes großen Gefühls, der Mischung aus Erlebnishunger und Angst, die Herman Melville in seinem Roman ›Mardi und eine Reise dorthin‹ so unnachahmlich knapp in den ersten Satz gefaßt hat: »Wir sind los!« Auch wenn wir uns heute längst nicht mehr in unberechenbare Gefahren begeben. Es erwartet uns nicht einmal ungeahnte Schönheit; wir haben Bilder von unserem Reiseziel gesehen, Filme, reichlich Prospektmaterial, sind über das, was uns erwartet, bestens informiert. Ja, so routiniert sind längst unsere Aufbrüche, daß einer, der noch kindliches »Reisefieber« hat, bloß rührend wirkt.

Mein guter Freund Hermann beispielsweise: Der läuft, obgleich schon fünfzig und ein weitgereister Tramp, vor jeder Abfahrt tagelang bleich durch die Stadt, muß nachts allerhand Medizin nehmen, zögert das Kofferpacken, das ihm die letzte Ausflucht nimmt, so lange wie möglich hinaus und bekundet bebend, in ihm brodle, gleich ob er die Segel in Richtung Starnberg oder Haiti setze, jedesmal wieder diese ungute Ahnung: »Ich könnte vielleicht doch nicht zurückkommen«. Wohl dem, der auf diese Weise noch echte Abenteuerromantik erfährt. »Transitonia«, wie Micky Remann die Flughafen-Niemandsländer genannt hat, verschafft ihm indes mit seiner weltweit gleichen westlich-neutralen Inszenierung Beruhigung, Vertrauen und Sicherheit. Hier kriegt er, was er kennt, den »überall gleichen Fraß, darauf angelegt, daß er in Tokyo gegessen, in New York verdaut und in Karatschi geschissen wird«. Auf dem Hinflug dehnt sich der Aufenthalt unendlich viel länger, wie Kaugummi zieht sich die Zeit. Man fährt, begierig auf sein eigentliches Ziel, nicht in die Städte – Miami, Bahrain oder Rom – hinein, für die paar Stunden. Hängt dafür in den Restaurants und Warte-Lounges herum. Lehnt sich auf einem der unbequemen Stühle zurück,

schließt die Augen und läßt zum letzten Mal Phantasiebilder vorüberziehen, ehe sich Peru, Thailand, Marokko in wenigen Stunden verwirklichen. Spielt ein wenig Karten, unterhält sich mit einem, der schon mal da war. Oder mit einem, der schon überall war.

So ein Kosmopolit hat mir einmal im Transit die Geschichte vom russischen Kaufmann und dem Ort, wo es am schönsten ist, erzählt: Es war noch zur Sowjetzeit, als dieser Pjotr seinen Ausreiseantrag stellte. Einmal, zweimal, dreimal – keine Antwort. Schließlich kommt die Absage. Doch Pjotr gibt nicht auf. Er reist nach Moskau, um auf dem Amt ganz persönlich sein Formular abzugeben. Wieder Funkstille, monatelang. Der Ausreisewillige läßt sich nicht einschüchtern, wieder und wieder hakt er nach – bis eines Tages, Jahre sind inzwischen ins Land gegangen, die ersehnten Papiere tatsächlich kommen. Der Mann verkauft sofort Haus und Hof, er gibt noch ein großes Abschiedsfest – und ward nicht mehr gesehen ... Aber schon nach wenigen Monaten ist er wieder da. Die Leute flüstern, doch aus Taktgefühl wagt niemand, ihn zu fragen, was geschehen ist: Woran ist er gescheitert? Warmherzig nehmen sie den Armen wieder auf. Doch nicht lange, und der Bauer wirft schon wieder den gleichen Antrag in den Postkasten ... Lieber Harald, ich will die Geschichte kurz machen: Dreimal insgesamt reist dieser Russe, nach jeweils schier endloser Behördenkorrespondenz, zwischen Amerika und seiner Heimat hin und her. So daß sich schließlich der Bürgermeister ein Herz faßt: »Pjotr, sag' mir, wo ist es denn nun am schönsten: Bei uns in Rußland – oder in

Amerika?« Und Pjotr schaut ihn an und antwortet wie aus der Pistole geschossen: »Unterwegs.«

Ja, unterwegs ist es am schönsten, aber wenn ich jetzt nicht zahle, verpasse ich meinen Jumbo, »excuse me, could I have the check, please?« Dabei wollte ich doch auf Amerikas zweitgrößtem Flughafen noch in einen Buchladen schauen, um den neuen Krimi von Walter Mosley mit nach München zu nehmen ... Also, lieber Harald, nun wollen wir mal sehen, wer schneller wieder daheim ist: ich oder der Brief.

Piranhas in der Waldsauna

Wie wir immer mobiler wurden

Liebe Schwester, bitte entschuldige – aber zu Deinem Abendessen nächsten Sonntag kann ich nun leider doch nicht kommen. Weil ich mal wieder auf Achse bin. Eine meiner üblichen Tourneen, zwei Wochen München am Stück hatten ja fast schon Gefängnischarakter. Bin also vor drei Tagen kurzentschlossen doch noch zu dieser Gentechnik-Tagung nach Frankfurt gefahren. Von dort gleich weiter nach Peine, da mußte ich in der Volkshochschule diskutieren. Anschließend Bonn, um endlich mal Ullas neues Haus anschauen. Mit ihr wurde es natürlich wieder spät, kannst Du Dir ja vorstellen, die ganze Nacht lang haben wir alles durchgequatscht, besser gesagt: *alle*! Ich soll Dich auch herzlich grüßen von ihr. Und weil der Oktober so golden ist, und du weißt ja selbst, wie herrlich in allen Farben um diese Jahreszeit die Sauerland-Mischwälder brennen, habe ich spontan verlängert und bin einfach übers Wochenende nach Hause gefahren. Wenn man schon mal so weit im Norden ist. Dergleichen Besuchs- und Strecken-Optimierung begeistert mich ja immer; Du kennst mich. Die Arbeit-Freunde-Eltern-Kombi. Nur manchmal – nicht zuletzt auch, weil ich weiß, wie anders Du darüber denkst – frage ich mich, ob das Unterwegs-Leben nicht auch ganz schön merkwürdig ist und wie wir überhaupt in so wenigen Jahren so reiselustig und mobil geworden sind.

Es ist Mittag, und ich sitze nach Mutterns besten Kohlrouladen der Welt an meinem Kinder-Wandsekretär aus Nußbaumholz, in unserer kleinen Stadt, in der ich mich heute gleichzeitig unterwegs und zu Hause fühle, und starre mit leicht gekrümmtem Rücken über der viel zu niedrigen Schreibklappe auf einen Zettel, der in Augenhöhe auf der mittleren Schublade klebt: »Die Süßigkeit des Lebens liegt im Wechsel« steht da tintenblau und darunter ebenso sorgfältig in Schreibschrift: »Arabisches Sprichwort«. Früh fing also meine Reisesehnsucht an. Ich erinnere mich noch gut daran, wie ich mit dreizehn in der ›Zeit‹ über den Satz stolperte. Und darin mein eigenes Lebensgefühl gespiegelt fand, das die Tourismus-Forscher »Push«-, also »Stoß-«, besser: »Nix-wie-weg-hier-«Faktor nennen: Wie gleichförmig erschien uns Jugendlichen doch die Kleinstadt und das geregelte Leben, das in den späten sechziger Jahren erst sehr leise Erschütterungen erfuhr. Kaum mehr vorstellbar, unsere ordnungsgemäß getrennten Knaben- und Mädchenschulen; daß wir auch noch direkt nebendran wohnten, hat unseren Erlebnisradius nicht gerade erweitert.

Montags gab es Erbsensuppe. Dienstags Kochwäsche. Mittwochs Rommee. Donnerstags Klavierstunde, freitags Großeinkauf, und sonntags diskutierten die Eltern mit Tante Marianne und Onkel Gerhard darüber, ob man damals nichts oder wer doch etwas gewußt hatte. Die »Bunte Platte«, die es vorher zum Kaffee gab, war der Höhepunkt der Woche. Höhepunkt des Monats war samstags der große Familienfernsehabend: ›Einer wird

gewinnen‹ mit Hans Joachim Kulenkampff. Und das Jahr steuerte, außer auf Weihnachten und die Geburtstage, in sich allmählich steigernder Vorfreude auf das Eine zu: Sommerferien! Den »sonnigen Süden«.

Wir konnten es kaum erwarten. Wir zählten die Tage. Weißt Du noch, wie wir uns mit den Töchtern von Tante Marianne und Onkel Gerhard, unseren Reisegefährtinnen Clara und Jenny, kleine Briefchen von Haus zu Haus schrieben, in denen wir uns schon die Strandnachmittage, und was wir alles mitnehmen würden, ausmalten? In meiner alten, mit Samt bezogenen Pappkiste habe ich sie gerade wieder ausgegraben: Blümchen für Blümchen wurden die neu erstandenen Bikinis und Minikleider porträtiert, und in bunten Zahlenkolonnen wichtige Berechnungen erstellt. Denn groschenweise zweigten wir kleine Summen unseres Taschengeldes ab, versteckten sie in einer abschließbaren Eisenkassette und übergaben den Eltern kurz vor der Abreise feierlich unseren Beitrag zur »Reisekasse«. Etwas später setzten sich die braven Bürgermädchen sogar freiwillig mit Lateinbüchern und Reiseführern hin und tippten auf Mamas alter Schreibmaschine Kurzreferate, die dann vor Ort vorgetragen wurden: »Der Vulkanausbruch von Pompeji«, oder: »Romeo und Julia in Verona«. Insgeheim war ich zwar auch ein bißchen froh, wenn die erste, minutiös vorbereitete Kulturwoche nach Paestum, Neapel oder Rom vorüber war, bei der man sich in düsteren Kirchen oder in brütender Hitze auf ausgedörrten Ruinenfeldern die Beine vor alten Steinen in den Bauch stand. Bei aller Wißbegierde und Ehrfurcht – aber zwei

Erholungswochen Belohnung an der Adria waren für uns Kinder, zumindest in den ersten Jahren, noch attraktiver: Cesenatico! Dreizehn Jahre hintereinander. Noch heute würde ich den Geruch von Zimmer 302 und 306 im »Hotel Internazionale« wiedererkennen. Frühstück auf der Terrasse, weißt Du noch, wie die Butter in der Morgenhitze schmolz? Rudern mit Mama auf dem glatten Meer, Boccia und Kunst am Bau mit Vater im Sand, und wehe, einer zertrat unsere muschelverzierten Alligatoren und Vulkane, aus denen echter Rauch kam. Wer traute sich, die ganze Strecke bis zum Sprungturm hinaus zu schwimmen? In der Mittagspause spielten wir, statt zu schlafen, Trampolin auf den viel zu weichen Sprungfedermatratzen. Abends gab es Nußeis mit echten Stückchen bei Nuovo Fiore, Tischfußball in der »Spielhölle« und goldene Schuhe, weil man aus denen vom Vorjahr rausgewachsen war. Später die ersten Liebeleien mit Massimo und Alfredo, um deren Gunst wir in der Hotel-Diskothek konkurrierten, und pubertär romantische Nächte am Strand: Da kam ich armes westfälisches Pummelchen ja plötzlich groß raus, weil ich in Italien endlich nicht mehr die einzige von uns fünf Mädchen mit Speck auf Hüften und Knien, sondern die »carissima bella bionda« war. Wenn dergleichen erotische Bestätigung keine tiefenpsychologische Wurzel für unausweichlichen Reisewiederholungszwang ist! Geliebte Adria: Ein Stück ferne Heimat, Teutonengrill hin, zugebaute Küste her. Eine Heimat, in der es nur Schwimmen und Spielen, gute Laune und Nudeln gab und in der offenbar das eigentliche, einzig glückliche

Leben stattfand; warum sonst hätte den beiden Müttern vor dem Herannahen des Abreisetermins das Wasser in den Augen gestanden? Eine lichte Heimat aus Heiterkeit und Sonne, in der man die ganzjährig grauen Regenwolken des Sauerlandes und die langweilige Schule vergaß.

Die Strafe folgte auf dem Fuße. »Mein schönstes Ferienerlebnis«, kratzte Frau Dahlhaus in der vierten »Volksschul«-Klasse an die Tafel, drehte sich um und schmetterte über dreißig Köpfe, die sich einer nach dem anderen zu mir nach hinten drehten, hinweg: »Und du wirst uns sicher etwas ganz besonders Interessantes erzählen!« Ich lief puterrot an und hörte wie durch einen Verstärker die anerkennenden Worte, daß »die Christiane ja wieder mal in Italien war, nicht wahr?« Woher wußte die das? Mama, die sympathischerweise bis heute auch kritische Distanz zu unserem durchaus privilegierten Mittelklasse-Stand bewahrt, hatte mir doch so sorgfältig eingebleut, niemandem von unseren tollen Ferien zu erzählen: »Dann blutet den anderen Kindern das Herz.« Viele von ihnen müßten nämlich den ganzen Sommer über zu Hause bleiben oder dürften höchstens an die kalte Nordsee oder zur Oma nach Bayern fahren; und das Prä-High-Tech-Bayern, das lag für uns westfälische Nordlichter damals irgendwo zwischen Mittelalter und Sonderschule. Doch jetzt war es ohnehin raus. Ich schrieb die Hausaufgabe über meinen ersten Kopfsprung ins Mittelmeer und lernte frühzeitig, daß Reisen eine gute Chance bot, sich als jemand Besonderer zu fühlen.

Den zweiten Teil dieser Lektion erhielt ich mit sechzehn. Ausgerechnet in einer Sauna, die kaum auffindbar im finsteren sauerländischen Tann in der Nähe der Jubachtalsperre lag. Du warst damals, glaube ich, noch nicht bei unserer Clique dabei; jedenfalls fanden wir es eine Zeitlang sehr zünftig, dort ganze Samstage zu verbringen. Kein Vergleich mit den heutigen gekachelten, keimfreien Fitneß-Paradiesen. Nein, Breckinghausen war nur ein kleines Hexenhaus, das sich vor Wind und Wetter geschützt an den Waldrand schmiegte. Der Heißraum, für Männer und Frauen gemeinsam, befand sich im Keller, ebenso Schlauch und Holzbottich mit eisigem Quellwasser direkt aus dem Fels. Zwischen den Saunagängen ging man im Sommer hinaus auf die Lichtung; wenn tatsächlich einmal die Sonne schien, gab es dort Liegestühle und eine herrliche Aussicht über die grünen, dicht bewachsenen Hügel. Und im Winter tranken wir das frischgezapfte Bier in der nippesüberladenen Stube, wo alle Besucher zusammen auf schmuddeligen Kissen um einen mächtigen Tisch saßen und »Dönekes« erzählten.

Die besten, die allerspannendsten hatte mit weitem Abstand der Reinhold drauf. Außer seinem Vornamen wußten wir nur, daß er aus Hagen kam; von Lüdenscheid aus dreißig Kilometer entfernt und ungefähr das Tor zur Welt. Du mußt Dir das vorstellen: Da sitzt ein kurz und stämmig gebauter Mann um die dreißig, schweißgebadet, der Bademantel ist vorne nur allzu locker geschnürt, in duftenden Kiefernaufguß-Schwaden hinter den sieben Bergen bei den sieben Zwergen, und wirft mit Inbrunst

Dias aus Nepal und dem Amazonasgebiet an die Wand ... Uns blieb der Mund offen: Reinhold im Holzkanu, daneben ein Rudel Piranhas! Reinhold mit monströsem Rucksack im Dschungel. Ein Abenteurer, wie wir ihn nur aus Büchern kannten. Und das lange vor der Einführung von Billigtarifen geschweige Last-Minute-Angeboten – und in unserem abgelegenen Sauerland, in dem doch laut Papa noch ein paar Jahrzehnte zuvor selbst die Fahrt ins Nachbartal bereits als kaum zu bewältigendes Abenteuer galt und Laurence Sternes Satz noch viel heller leuchtete, daß es nur auf Reisen möglich sei, »nennenswerte und ihrem Namen gerecht werdende Erfahrungen zu machen«.

Wie kam dieser Reinhold überhaupt so weit? Wo konnte der schlafen, wovon leben? Und wohin mit der Angst? Der Trapper antwortete geduldig und erklärte die Vorzüge von 1,6-Kilo-leichten Zwei-Mann-Zelten, Trockenerbsen und deutschen Entwicklungshelfern, bei denen man fast immer unterkommen könne; die armen Mitarbeiter von »Dienste in Übersee« werden ihn von Ghana bis Indonesien mehr als einmal verflucht haben. Wie sich herausstellte, war der exotische Saunabesucher ein Mitbegründer des »Globetrotter-Vereins«. Auf der Stelle traten wir ein, um ein wenig von seiner Exotik einzufangen, und verschlangen fortan gierig die unregelmäßig erscheinenden, auf gelblichem Papier hektographierten Rundbriefe mit Erlebnisberichten, Hoteladressen, spezialisierten Reisebüros und praktischen Tips von Udo aus Guatemala oder Ludmilla aus Madagaskar. Diese Leute blieben monatelang in der Fremde; Pioniere des Ferntourismus, dessen spätere Ausmaße noch kein Mensch erahnte. Unsere Vorstellungen von der Ferne waren geprägt von Bernhard Grzimeks Tiersendungen und den großen LIFE-Büchern in Vaters Regal. Die Nachrichten der Globetrotter waren indes der Beweis dafür, daß jeder Jules Verne werden konnte. Zumal die minutiösen Kalkulationen – »was kostet ein Tag im Punjab?« – zeigten, daß das Traveller-Leben sogar viel billiger war als das daheim!

Das Ganze hätte mich ängstliches Huhn wohl kaum zur praktischen Umsetzung animiert, wäre da nicht mein erster »Fester« gewesen. Dessen Attraktivität bestand unter anderem in seiner Aura als Amerika-Austauschschüler; einer Alleinreise-Erfahrung, die ich zutiefst bewunderte, bei aller Kleinstadtlangeweile hätte ich mich das selbst niemals getraut. Micha und ich hegten jedenfalls stumme Verachtung für unsere biederen Mitschüler wie den geschleckten Alex oder den pseudofreakigen Thomas, die den Tennisverein zum Nabel der Welt erklärten und auch sonst brav in Mamas und Papas Fußstapfen traten. Nein, wir waren anders (weil man »anders« sein mußte, '68 war ja längst in die Schulen gesickert): Wir wollten Freiheit, fremde Länder und Lebensformen kennenlernen! Und uns dabei vor allem auch »politisch auseinandersetzen«. Willy Brandt verlieh unseren diffusen Fernweh-Phantasien auch noch Flügel der Sinnhaftigkeit. Der Internationalist und Fürsprecher der Dritten Welt, dessen Kundgebung in der Lüdenscheider Schützenhalle unser erstes politisches Erlebnis war, erweiterte den Horizont der ganzen Republik. Nachmittags lasen wir auf dem Boden meines Kinderzimmers gemeinsam ›Die Grenzen des Wachstums‹; dabei suchten wir im ›Diercke-Weltatlas‹, wo denn das ausgebeutete Sambia und das rohstoffreiche Brasilien lagen und wie man da wohl hin kam. Und je näher das Abitur rückte, desto mehr verwandelten sich unsere Träume in einen realen Plan.

Er war der hochattraktive Kompromiß zwischen dem Wunsch, ganz weit weg abzuhauen und jenem, zugleich möglichst kein Risiko einzugehen: Neuseeland, Australien! Das lag genau am anderen Ende der Welt, und dennoch lebten dort weder Tiger noch überall Gelbfieber-Erreger, noch Diktatoren. Um einen Teil des Geldes für ein Ticket zusätzlich zu Papas Zuschuß selbst zusammenzuverdienen, jobbte Micha im Krankenhaus und ich nachmittags nach der Schule als Getränkemamsell im »Holstein-Hotel«. Was mir sehr gut gefiel, denn dort im Stadtpark, wo ab und zu mal ein indischer oder englischer Geschäftsmann abstieg, konnte man schon einen Hauch von Fremde wittern. Nun mußten wir nur noch das letzte Hindernis überwinden: meinen Ausbildungsplatz, der mir wider alle Wahrscheinlichkeit zuteil geworden war. Ich heuchelte der Privatschule etwas von einem Englisch-Sprachaufenthalt vor und durfte den Studienbeginn prompt um ein Jahr verschieben. Erstaunliche Prioritäten aus heutiger Sicht. Meine Eltern waren schon damals entsetzt: »Du bist vergnügungssüchtig!« schimpften sie und hatten ganz unrecht nicht mit ihrem Vorwurf. Wir, die in den Nachkriegswohlstand unverdient günstig hineinplazierte, materiell vergleichsweise sorglose und daher zukunftsfrohe Generation, hielten nun mal wenig davon, uns bereits mit neunzehn um unsere Rente zu kümmern und vor lauter Sparsamkeit das ganze Leben aufzuschieben.

Die Konsumgesellschaft lehnten wir andererseits zeitgeistgemäß ab; wozu wir das Reisen natürlich nicht zählten. Das bißchen Geld, das wir brauchten, verdienten wir anfangs als Kassierer bei »Shop-Rite«, einem kleinen Supermarkt in Auckland. Unterwegs waren wir per Anhalter, zwei Hosen reichten. Wir haben in den sechs Monaten kein einziges Hotel von innen gesehen – nur unser winziges Zelt oder Nationalpark-Hütten, in denen die Globetrotter darum wetteiferten, wer mit dem wenigsten Gepäck auskam. Es ging uns doch gerade darum, das einfache Leben kennenzulernen und uns selbst darin zu »entdecken« (ich gebe zu, daß ich da auch einer Person begegnet bin, die mehr Komfort als Donnerbalken im Wald sehr wohl zu schätzen weiß). So intensiv erlebte ich nie wieder Natur: majestätische Gletscherwelten, einzigartige Dschungelvegetation, bedrohliche vulkanische Mondlandschaften von kalter Schönheit und später australische Wüsteneinsamkeit. Wochen nur zur Fuß, Morgenwäsche im Fluß. Auch bei den späteren Studentenreisen in den »afrikanischen Sozialismus« von Tansania waren wir stolz darauf, daß wir, die sonst so Verwöhnten, tagelang nur mit trockenen Weizen-Capati auskamen, uns stehend in überfüllten, unpünktlichen und rostigen Bussen fortbewegten und uns an pfundweise roten Staub in allen Körperöffnungen gewöhnten. Während uns die Afrikaner um unsere expe-

ditionstauglichen Rucksäcke beneideten, machten wir uns »ganz weit auf«, um uns in ihren »anderen Lebensrhythmus« hineinzufühlen. Denn wie Voltaire fanden wir es skandalös, daß unsere Geschichtsschreibung »ihre Gebräuche nach den unsrigen glaubte beurteilen zu können«, und fühlten uns durchaus eitel als Avantgarde der kulturellen Gleichberechtigung. Mit viel echtem Interesse: Vermittelt durch einen tansanischen Studienfreund, besuchten wir Rinder-Forschungsfarmen, Stadtplaner, arabische Ruinen, Dorfversammlungen, Textilfabriken. Aber auch mit gepflegter Ausblendung: Gestört haben uns jedenfalls weniger die repressiven Anteile der tansanischen Einheitspartei als die »falschen Götter des Westens«, die in Gestalt silberner Ghettoblaster mit Michael-Jackson-Musik unser unbeflecktes Bild von der Idylle afrikanischer Zaubermedizinmärkte störten. Dennoch: wir kamen verändert nach Hause. Skeptischer gegenüber dem eigenen Lebensstil, den eigenen Werten und Vorurteilen.

So also fing es an. Heute ist das Reisen längst zur Norm geworden, Neckermann und TUI sind den Spuren der »Globetrotter« gefolgt. Solche durchorganisierten, risikofreien, voll verplanten Tropen-Erfahrungen in abgeschirmten westlichen Exklaven sind kein Vergleich mit der nach vorne offenen, dem Augenblick huldigenden Unberechenbarkeit des Unterwegsseins. Doch auf Achse sind alle, ständig, ein-, zwei-, dreimal im Jahr, für Kurz- oder Langurlaub, es gelte bereits als »erklärungsbedürftig«, so verkündete kürzlich der Präsident des deutschen Reisebüro-Verbandes, Gerd Hesselmann,

»wenn man nicht reist«. Es gibt ja auch unzählige gute Gründe dafür: Fernweh, nach Thailand, Tahiti, dem Titicaca-See. Oder Nahweh: mal wieder in das kleine, vertraute Hotel an der fränkischen Saale fahren ... Man lichtet den Anker aus Entdeckerfreude auf das neue Universum, das sich mit der Öffnung des Eisernen Vorhangs auftat, von den thüringischen Wäldern über Lettland und das Schwarze Meer bis nach Sibirien ganz auf eigene Faust. Oder es lockt Natur, beziehungsweise das, was von ihr übrig ist: heraus aus der Stadt in die fordernde Meeresluft der Nordsee, in die friedlichen Schwünge eines Mittelgebirges, in die Wüste Marokkos oder zu lodernden neuenglischen Herbstfarben. Sehnsucht nach Wärme treibt aus dem Haus; Sehnsucht nach Orten, an denen man sich schon mal wohlgefühlt hat oder die sich mit Träumen verbinden, einem prägenden Buch, einer geliebten Person; nach Kulturen, die einen immer wieder anziehen. Oder: »Da muß man mal gewesen sein« – in Paris, Prag, Athen. Man reist, um zu lernen, ins Bauhausmuseum, in Istanbuls Kirchen, Moscheen und Paläste, in französische Kathedralen, in die Industrielandschaft von São Paulo oder zur Partnerstadt in die Ukraine. Man reist aus Überschwang: Komm, laß uns übers Wochenende einfach abhauen! Besucht Freunde, die gerade in Amerika studieren oder nach Kenia gezogen sind. Sucht Erholung – irgendwo ganz und gar nichts tun. Oder Gesundheit: Drei Wochen wandern, wenig essen, radfahren. Man gibt dem Wunsch nach ungestörter Zweisamkeit nach. Oder dem nach Einsamkeit, um in Ruhe nachdenken zu können.

Und das sind nur Urlaubs-Reisemotive, die vielen beruflichen Touren kommen noch dazu. Ständige Aufbrüche erzwingt schließlich nicht nur meine Profession, von der ich nicht mehr weiß, ob ich sie einst wegen meiner Reiseleidenschaft wählte oder ob umgekehrt der Job diese erst richtig entflammt hat. Wochen ohne Ortstermine für Reportagen, Gespräche, Tagungen, in denen ich gar nicht in Bewegung bin, sind jedenfalls selten und bedrohen mich im Sinne Hermann Hesses: »Kaum sind wir einem Lebensraume traulich eingewohnt, so droht Erschlaffen.« Ich werde unruhig. Bald sitze ich wieder im Zug, »haste nie und raste nie, sonst kriegste die Neurasthenie«, hieß es im »nervösen Zeitalter« zu Anfang des Jahrhunderts; und neben mir sitzen Menschen aller Stände, die zu Verkaufsgesprächen, Computerwartungen, Fortbildungskursen, Zweigstellen, Tochterunternehmen und Vorträgen brausen. Muffig und in sich gekehrt wie sie dabei schauen, tun sie das allerdings sehr viel weniger gerne als ich, die jede »Dienstreise« stets als Chance für kleine Fluchten zu schätzen weiß. Wir Vagabunden. In früheren Jahrhunderten waren das jene Geschundenen, die herumziehen mußten, weil sie kein Land besaßen und nicht seßhaft werden konnten. Eine Minderheit. Heute aber wandert die Mehrheit der Seßhaften ständig umher, oft nicht nur für einen Tag, sondern regelmäßig, in Rhythmen: Ganze Industriezweige machen in einer Region dicht, Orte werden unbrauchbar, die Menschen finden nur noch anderswo einen Job oder die richtige Hochschule oder Aufstiegsmöglichkeit, wandern dem Kapital hinterher, werden versetzt, gekauft, von hier nach dort gewirbelt und wieder fort. So stehen, sagt der polnische Philosoph Zygmunt Bauman über uns Streuner, »die Chancen gut, daß die Leute, die der Vagabund auf seinen Touren trifft, auch Vagabunden sind – Vagabunden heute oder morgen.«

Diese Art mehr oder weniger erzwungener Mobilität gab es zwar schon immer. Doch vielfach vermehrt und beschleunigt wurde sie durch den kulturellen Selbstbestimmungsüberbau, den sich die Gesellschaft erst in unserer Erwachsenen-Lebensspanne, den letzten 20, 30 Jahren, geschaffen hat: die »Multioptionsgesellschaft«, wie der Sozialwissenschaftler Peter Gross das nennt. Eine Konvention nach der anderen wurde seit den siebziger Jahren gebrochen; gegen die Ehe, die Kirche, die Feiertagsruhe und die Geschlechterrollen, alles, was festhält, haben auch wir selbst rebelliert. Und seither sind wir so frei. Alles ist möglich, »die Welt holt den Vagabunden ein«, schreibt Zygmunt Bauman, »und zwar schnell, sie schneidert sich selbst auf den Maßstab des Vagabunden zurecht«: Männer wie Frauen können allein, zu zweit oder zu mehreren leben; die Alten oder Kinder können sie versorgen oder versorgen lassen und ihre Prioritäten in der Familie oder im Beruf setzen, oder auch zwischen allem wechseln und sich dabei gegenseitig die Wohnungen zur Verfügung stellen – kurzum: Sie können, solange es finanzierbar ist, ganz egal wo, hier oder dort soviel wie möglich von ihren jeweils aktuellen Neigungen, Interessen und Zielen ausleben. Erfahrungssammler. Immer auf dem Sprung. Abwechs-

lung, Abwechslung, »dauerndes Wagnis und Gepurzel«, so D. H. Lawrence. Beziehungen, die bei so viel Individualismus nicht einfach wegdämmern sollen (auch Vagabunden können schließlich treu sein!), müssen dann aber im Wortsinn er-fahren werden. Folglich rasen wir neben Urlaubs- und Dienstreisen auch noch in liebestechnischem Pendelverkehr hin und her. Die Eltern besuchen, Geschwister und gute Freunde, und am Wochenende geht es nach einem Werbeplakat der Bahn AG »zur großen Liebe und zurück«. Das Paar Thomas und Ute, welches wegen beiderseitiger beruflicher Nichtabkömmlichkeit abwechselnd vierzehntäglich zwischen Stuttgart und Kapstadt hin und her flog, hat sich allerdings soeben getrennt. Oleg und Franziska aber halten zwischen München und Tel Aviv eisern zusammen. Und Miriam hat neuerdings für zwei Jahre einen tollen Job in San Diego, doch ihr Freund bleibt wegen seines ebenso toll laufenden Geschäfts in Berlin. Sehr zur Freude von Lufthansa und Delta Airlines. Dafür gibt es auch schon einen Begriff: »fahrende Beziehung«. Wenn man Glück hat, muß man sich nur über 300 Kilometer hinweg gegenseitig erwärmen; wenn man Glück hat, ist das besonders innig. Weil es so viel zu erzählen gibt. Aber vor allem wegen der sich immer wieder erneuernden Sehnsucht.

Das weiß ich aus Erfahrung, denn hin- und hergerissen zwischen Arbeit und Liebe habe auch ich, zusammengerechnet acht Jahre lang, postmodern angepaßt jeweils in zwei Städten gelebt: immer irgendwie in München – aber zugleich auch in Köln, Hamburg, Dortmund, Essen, Wiesbaden, Berlin. Dann läuft man durch die eine Stadt und braucht gerade dringend das Gespräch mit den guten Freunden in der anderen – wo einem wiederum der Liebste, die Nichten und Neffen und die allerbeste Freundin aus der einen fehlen würden. Franz liegt vierhundert Kilometer entfernt im Krankenhaus, ich müßte eigentlich hin; Mechthild lädt, zur Zeit in Köln, zum fünfzigsten Geburtstag ein; Uli, der Freund aus Dortmund, dem wir damals in Köln sehr nahestanden, schickte jetzt aus Brüssel seine neue Adresse in London, wo er ab Januar wohnt, wir sollten doch mal vorbeikommen! Bloß zu e-mailen oder zu telefonieren reicht eben nicht immer aus – auch wenn mein lieber Freund Reinhard aus Berlin neulich schon vorschlug, einen Spaziergang parallel mit dem Handy zu unternehmen, er durch den Zoo und ich durch den Englischen Garten, und sich dabei live zu erzählen, wo die Blätter schon weiter gewelkt sind. Also, wir müssen uns unbedingt bald wieder sehen! Wie Kugeln im Flipperautomat, die abgeschossen mal hier, mal dort anschlagen.

Übrigens verbinden nicht nur Freundschaften mit den anderen Städten, sondern auch vertraute Örtlichkeiten. Eine Kreuzung, ein Lokal, ein Park. Abschiedstraßenecken, Wutausbruchsecken, Lieblingskioske. Wiedersehensrituale wollen gepflegt sein: Wenn ich in Köln ankomme, dann *muß* ich als erstes diese unschlagbar knusprigen Reibekuchen in der gleich neben dem Dom liegenden Kartoffelbude zu mir nehmen, die so fettig sind, daß man selbst nach dem Genuß von nur zwei statt

der portionsüblichen drei Stück ruhig und demütig, aber mit dem Leben versöhnt auf den Herzinfarkt wartet. In Bonn lege ich den Weg von irgendwelchen Abgeordnetenbüros zum Bahnhof so zurück, daß ich einmal durch den zwar anonymen, aber überraschungsgeladenen Bücher-Supermarkt »Bouvier« stöbern kann. In meinem Dortmunder Lieblingscafé ist jedesmal ein neuer Pächter drin. Ich durchstöbere am Berliner Südstern den Spielzeugladen in der Körtestraße, Kaufrausch für Paten. In London gibt es ein Frühstückspub, da gehe ich sonntags mit zwei Tonnen Tageszeitungsbeilagen rein. Manchmal habe ich das Gefühl, nicht in München, sondern in Deutschland, in Europa zu leben – nirgendwo wirklich, aber an vielen Orten punktuell zu Hause zu sein. Und manchmal kommt es mir vor, als gebe mir genau diese Unstetigkeit in einer Welt, in der nichts, weder Familie noch Arbeit besonders beständig sind, einen paradoxen Hauch von Sicherheit: Lauter Potentiale; lauter Leben in der Hinterhand, lauter reizvolle Alternativen; lauter mögliche Fluchtpunkte, wenn es fad wird, gefährlich, oder Routine; und immer noch winken glücklicherweise weitere, »andere, unbekannte Orte«. Zygmunt Bauman kritisiert wohl allzu moralisch dieses am Ende ja doch eher auf Fiktion als Realisierung angelegte Lebensgefühl: »Es ist eine vernünftige Strategie und die einzige Chance für eine zukünftige Gnadenfrist, die eigene ›Unzugehörigkeit‹ zu pflegen. Sie verleiht dem gegenwärtigen Leiden einen Geschmack von Vorläufigkeit und verhindert, daß die Optionen für immer und ewig ausgesetzt werden.«

»Ich bin nicht gern, wo ich herkomme. Ich bin nicht gern, wo ich hinfahre«, schrieb Bertolt Brecht; »Warum sehe ich den Radwechsel mit Ungeduld?« So geht es mir auch. Doch noch häufiger umgekehrt: Gern bin ich, wo ich herkomme, gern, wo ich hinfahre. Noch dazu gern, wo ich gerade bin – und gern ich-weiß-noch-nicht-wo und überall außerdem. So ist das Leben ein ewiges Stoß-mich-zieh-dich, nicht umsonst lautet Deine Frage, liebe Schwester, wenn wir uns sehen: »Bist Du in der nächsten Zeit hier?« Jedesmal löst sie in mir die ganze Gefühlsverwirrung meiner ebenso wunderbaren wie trennungsschmerzgeladenen Passion aus. Einerseits Unternehmungslust, Vorfreude, Fernweh, Freiheitsdrang; sogar in der Stadt, in der ich lebe, bin ich lieber unterwegs: spaziere durch die Straßen, schreibe im Café statt am Schreibtisch, zapple unruhig, wenn ich draußen die Stimmen der Passanten höre. Die Süßigkeit des Lebens liegt im Wechsel. Andererseits empfinde ich manchmal Melancholie, daß ich nicht wie Du ruhig, stabil und verläßlich verwurzelt sein kann. Dann wieder die Frage: Ist Heimat überhaupt ein Ort?

Und wo läge er für uns beide? Dort, wo wir jetzt leben? Oder wo wir herkommen? In dieser waldigen Sauerland-Landschaft voller Erinnerungen, die ich heute mit den Eltern durchkreuzte? Nach zwanzig Jahren ist es längst auch ein Besucherblick, der über die engen Täler, grünen Hügel und wilden Höhenpanoramen schweift. Wie eine Touristin taxiere ich die Gasthöfe auf ihre Tauglichkeit für verlängerte Wochenenden. In der Stadt gibt es kaum mehr jemanden, den ich grüßen könnte. Mein

Lüdenscheid, gerade groß genug, daß die globalen Vereinheitlicher Benetton und Douglas sich lohnen: vertraut – aber auch fremd, weil ich den Prozeß der Veränderung kaum miterlebt habe. Überall haben sie regionalneutrale »Centers« hingestellt – Freizeit-, Kultur-, Sauerland-, Park-Center, und das »City Center« genau da, wo unsere eichenholzgetäfelte Lieblingskneipe stand. Aus dem alten Schwimmbad am Stadtgarten wurde eine Brauerei mit riesiger Bierhalle, so verdammt »urig«, daß man die Touristen aus dem ganzen Ruhrgebiet zur Sauerland-Folklore herkarrt. Und in Omas Textilwarenladen ist auch ein neues Geschäft eingezogen. Ein Reisebüro.

Finnische Wochen
Lob des Zugfahrens

Liebe Mama, bitte entschuldige den Fettfleck auf dem Papier; bei Hochgeschwindigkeit ist leider das ICE-Süppchen übergeschwappt. Stinknormaler Eintopf, dem aber das Mitropa-Programm »Jeden Monat neu, nach Ihrem Geschmack« die Aura multikulturell aufgebrezelter Originalität verliehen hat: »Makkarapata« heißt er heute, im Rahmen der »Finnischen Wochen«, nachher bestelle ich mir noch ein vermutlich sehr staubiges, dafür multikulturelles Blaubeertörtchen namens »Fazerin Mustikkapiirakka«. Die spinnen, die Finnen; solche Namen passen ja kaum mehr auf die Karte. Auf diese Weise leiblich bestens versorgt, will ich auf halber Strecke zwischen München und Köln noch einmal versuchen, Dich, die unbekehrbare Autoliebhaberin, von den Wonnen des Zugfahrens zu überzeugen. Es ist kurz vor Sonnenuntergang, hier im Speisewagen haben sie schon die elektrische Beleuchtung eingeschaltet. Im Zwielicht rasen wir durchs herbstklare, vergoldete Rheintal. Selbst die leisen Wellen des Flusses glühen im Abendlicht, um so schwärzer die Kähne darauf. Der Zug folgt den majestätisch weiten und, wo die bewaldeten Felsen und die Weinberge aufeinander zuwachsen, gefährlich engen Schwüngen und Schleifen des Stroms, immer dicht an den winzigen Schieferhäuserzeilen, den Hotelchen und Pensiönchen entlang. Bingen, Boppard,

Koblenz ... mit Walter Benjamin fühle ich mich »für ein paar Stunden in das vorüberfliegende Land wie in einen wehenden Schal gekuschelt«. Und genieße es, ein-, aus- und umzusteigen zwischen den Wirklichkeitsspuren.

Draußen verliert sich der Blick in der Landschaft, die zuweilen verbaut ist, doch ewig vertraut und jedesmal anders: heiter und lieblich im Frühjahr, deutsche Romantik wie auf dem Titel eines amerikanischen Reiseprospekts; üppig weinbewachsen in diesen Herbsttagen; beklemmend düster im stürmisch verregneten November. Während ich aus dem Fenster schaue, gehen innen auf Spur Zwei die Gedanken auf andere Reisen, streifen durch Vergangenheit und Zukunft, Hoffnungen und Wirklichkeit, wie bei Eduard Mörike »Schweigend sitz' ich und allein, ich wiege mich in bunten Träumen ...« Ich träume, wie es wäre, einfach auszusteigen, sich dort gegenüber im Kurhotel alter Pracht einzumieten, sechs Wochen lang unerreichbar, nur für sich und mittendrin aus der Welt zu sein; wem würde man dort begegnen? Oder es kommen, als am Ufer die Felsen Katz und Maus auftauchen, Erinnerungen hoch: Weißt Du noch, wie Vater uns Kindern, wenn wir bei der Rückkehr von unseren Italienreisen frühmorgens aus den dreistöckigen Schlafwagenbetten gekrochen kamen, die alten Rheinburgen-Sagen erzählte? Er war selbst kolossal übermüdet, aber malte mit seiner wunderbaren Phantasie alles aus bis ins kleinste Detail. Oder ich träume davon, ein Jahr woanders zu leben ... »Are you daydreaming again, Miss Grefe?« Wegen dieser Neigung zog mich doch schon mein Englischlehrer, Du erinnerst

Dich bestimmt an den rotgelockten Herrn Joseph, dauernd auf. Dabei hat ›Psychologie heute‹ gerade erst festgestellt, daß Luftschlösser außer Flucht und Ersatzleben auch »eine Vielzahl wichtiger Aufgaben in unserem Seelenhaushalt« erfüllen: »Tagträumer sind die gesünderen und realitätstüchtigeren Menschen« – hab' ich schon immer gewußt. Und auf der dritten Ebene, jener der physischen Unmittelbarkeit, finde ich, daß Makkarapata so schlecht auch wieder nicht schmeckt, obwohl ich mich von der Firma Suomi, vom Finnischen Außenhandelsverband und der Deutschen Bahn AG ziemlich penetrant angemacht fühle. Man futtert und trinkt sich halt durch, Hauptsache, ich kann hier im Speisewagen sitzen bleiben, stundenlang, wie zwischen zwei Kinoleinwänden, auf denen Landschaften, Städte, Bauweisen, Veränderungen, Übergänge, das allmähliche Fortkommen, die Bewegung zu erleben sind.

Gewiß ist die Vorstellung von einer in Zeit und Raum authentischen Reiseerfahrung, je schneller die Züge werden, desto mehr Illusion: Nur Oberflächen ziehen vorbei, im Zug ist kein Windhauch zu spüren, nichts riecht, die Einzelheiten sind, kaum aufgefallen, schon vorüber. Dennoch, was für eine Vielfalt im Vergleich mit der abrupten Verpflanzung im Flieger: Da bist du gerade noch hier – plötzlich da. Zerrissene, tote Zeit bedeuten ja schon die langen Anfahrtswege zu den Flughäfen. Dort gerätst du in diese geschäftige Herde von – immer noch – mehrheitlich Herren mit Lufthansa-Bananen in der Hand und einzelnen Frauen in unnahbaren Kostümen, die sich über Verspätungsdurchsagen genauso heftig wie über Kinderarbeit empören. Im Flugzeug herrscht erzwungene Intimität »unterhalb der Mindestfläche für Hühnerhaltung«, wie Erich Böhme zu Recht nölt: Immer unter Druck, remsen dir die bedeutungsvollen Reisenden mit den perfekten Umgangsformen ihre Aktenmappen ins Knie und klemmen deine Finger beim Zuklappen der Deckenablage ein. Womöglich hast du einen raumgreifenden Nachbarn, dessen schrankhafter Umfang unüberriechbar das Ergebnis von Alkoholgenuß ist und der nun warmblütig in süßen Schlummer rutscht, an deiner linken Schulter entlang.

Über die andere Alternative, das Auto, haben wir ja bereits ausführlich debattiert: Ich halte mich eigentlich für eine ziemlich gute Fahrerin, sehr sicher, nicht zu langsam, nicht zu schnell. Aber ich sitze nun mal nicht gerne am Steuer, und warum sollte ich mich auch stundenlang hochangestrengt konzentrieren, noch dazu unter deutschen Rasern in latenter Lebensgefahr? Einen einzigen Vorteil hat das Auto: Man kann darin laut singen. Kürzlich genoß ich auf den kurvigen Landstraßen der Eifel diese Ganzkörper-Geschwindigkeits-Lust. Es lief eine Sendung mit alten Zwanziger-Jahre-Schlagern, deren verrückte Texte alle mit Essen zu tun hatten: Zum Beispiel jener über den Delinquenten, der sich als Henkersmahlzeit eine weibliche Banane mit gesottenen Dinosauriern wünscht, weil er weiß, daß sie die nicht bis zum Termin auf dem elektrischen Stuhl auftreiben können. Du hättest mich grölen hören sollen: »Ich kannte einmal eine Peruanerin, die tat in' Kaffee immer so viel Sahne 'rin ...« Doch sobald man nicht mehr alleine fährt, ist der PKW, so wie das Flugzeug im physischen Sinne, im psychischen viel zu eng. Was habe ich auf Beifahrer- und Rücksitzen schon für Ehe- und Familiendramen erlebt, Du kennst es ja selbst: »Links, links, *links* mußt du abbiegen« – und garantiert bog welcher Fahrer auch immer rechts ab. »Mach doch mal einer die verdammte Heizung aus!« – »Das Gebläse stinkt wie die Pest!« – »Mir ist aber kalt ...« Oder: »Du hast schon seit Wochen nicht mehr mit mir geschlafen« – so ein Satz mitten auf der Autobahn, und du kannst hier nicht raus ... Vielleicht ist meine Auto-Aversion aber auch eine Spätfolge aus frühkindlicher Zeit, als mir in unserem Opel Kapitän immer nach wenigen Kilometern entsetzlich schlecht wurde; bis heute löst der Name des Städtchens Radevormwald, das unschuldig auf unserer Einkaufsstrecke Richtung Köln lag, heftige Übelkeit aus.

Du hast natürlich recht, auch beim Zugfahren kann man Pech haben: verpaßte Anschlüsse, Schaffner, deren Muffigkeit mit dem schönen Wort »Zugbegleiter« nicht zu überschminken ist. Und eine Fahrt wie im Sommer von Hannover nach Köln muß ich auch nicht nochmal haben: in einem übervollen Zug zwischen zwei Wagons auf den Boden geflezt, haarscharf neben einer stinkenden Lache aus Bier und Zigarettenasche und eingekeilt von Hunderten unausgeschlafener, schwitzender, schweigender, ruppig ihre Knie und Ellenbogen austeilender Autisten, die gerade von der Berliner Love Parade kamen. Ähnlich ungemütlich ist es, wenn dein Nachbar im Gespräch mit der Gattin von Ulm bis Mannheim seinen gleichzeitig dudelnden Walkman überbrüllt.

Oder du findest nur noch Platz unter Rauchern, 780 Kilometer im Zigarrenmief – eine Qual. Mit dem einzigen Vorteil, auf diesen winzigen Bildschirmen einen Videofilm anschauen zu können, zwischen Nürnberg und Würzburg Clint Eastwood in ›Weißer Jäger, schwarzes Herz‹; warum eigentlich nur im Raucherabteil? Offenbar setzt die Bundesbahn bei Zigaretten-Junkies eine allgemeine Suchtstruktur voraus, über die Pafferei hinaus. Oder winters kann es geschehen, daß starker Schneefall die Strommasten umwirft und du stundenlang bei ausgefallener Heizung auf freier Strecke zitterst. Aber das schweißt auch zusammen: Wildfremde Menschen erzählen sich dann in der Warteschlange vor der Telefonzelle wärmende Witze, während im ganz privaten Auto bei vergleichbaren Pannen eher Stimmungs-Explosionsgefahr im Verzug ist. Darüber hinaus habe ich sogar schon Service-Spitzenleistungen erlebt: Von dem nur aus Getreidesilos bestehenden Wildwestbahnhof Frellstedt, Niedersachsen, mußte ich einmal unumstößlich und dringend zu einem wichtigen Termin nach München. Doch der allerletzte Bummelzug zum Anschluß an einen Schnellzug, der mich zum Intercity bringen sollte, hatte eine ganze Stunde Verspätung: Gestrandet! Mein Unglück forderte aber die Vorsteherin der Deutschen Bahn AG heraus. Sie nahm den Hörer und telefonierte mit Direktionen in Hannover und Berlin und erreichte am Ende das Unmögliche: daß in die verwunschene Sommer-Ereignislosigkeit eines übriggebliebenen Dorfbahnhofs wie ein Außerirdischer der blitzend weiße ICE einfuhr. Lautlos glitt er über das einzige

Gleis heran, gönnerhaft, herablassend, wahrscheinlich schon seit dem vierzig Kilometer entfernten Magdeburg im Bremszustand. Aber vor allem: einzig und allein meinetwegen. Die Frellstedter erzählen noch heute davon, wie von einer Erscheinung.

Du siehst, aus den verschiedensten Gründen brennt meine Liebe für die Bahn. Und schon so lange, daß ich in Intercities, Bummelzügen und TGVs mittlerweile das Stück zu Hause in der Fremde finde, das Ihr Autofahrer mit Seidenblümchenvasen und Familienfotos am Rückspiegel oder Euren Lieblings-Musikkassetten durch die Gegend kutschiert. Ganz und gar heimisch fühle ich mich, ob in Stuttgart, Solingen oder Saarbrücken, bereits auf den Bahnhöfen, deren bundesweit vorangetriebene zunehmende Normierung als »Shopping-Stationen« mit immergleichen Nordsee- und Croissanterie-Filialen mir unter anderem wegen Heimatverlustes mißfällt: Mit Künstlichkeit abgespeist fühle ich mich, wenn die Manager glauben, sie könnten meine »Emotionalität und Nostalgie des Reisens« mit blöden Freßgeschäften als »Identifikationsmöglichkeit« befriedigen und zudem aus diesem ganz und gar öffentlichen Ort immer mehr ein privatisiertes Kaufhaus machen, aus dem man alle Störfaktoren, zum Beispiel Obdachlose, »entfernt«. Doch ob guter alter Bahnhof oder aufgeblasen kommerzialisiertes »Tor zum Zug und zur Stadt«: Schnell werfe ich die letzten Briefe in den Kasten, kaufe eine Tafel Marzipanschokolade, vor allem wie im Rausch Zeitungen und Zeitschriften aller Art – und eile voller Vorfreude zum Zug.

Zwei Stufen rauf, schon bin ich daheim. Der vertraute Geruch: ein bißchen staubig, ein bißchen muffig, besonders am Ende des Wagons, wo sich WC-Reinigerdüfte und Bratkartoffelschwaden aus dem Speisewagen begegnen. Leise zischt die Heizung, knurren sich die Motoren warm. Hallo, ihr orangebraun-gestreiften Intercity-Sitze, und ihr in der Ersten Klasse, so nobel purpurfarben. Ebenso kindlich wie über die Vertrautheit der alten kann ich mich an den vielen neuen Polster freuen; gerade letzte Woche saß ich auf einem erstaunlich geschmackvollen Karomuster in meiner Lieblings-Farbkombination marineblau mit lindgrün. Ein Gefühl, als habe man in der eigenen Wohnung frisch gestrichen und umgeräumt. Die Frage »Abteil oder Großraum?« entscheide ich undogmatisch danach, wo die Mitreisenden am wenigsten wie potentielle Nervensägen aussehen. Am höchsten hüpft jedenfalls mein Herz vor Freude, wenn ich mich im doppelstöckigen »Interregio« ganz oben ganz nach vorne setzen und mit weitem Blick schweben kann: über den löwenzahnübersäten Wiesen Niederbayerns oder rauhreifweißen Äckern Sachsen-Anhalts, durch Leipzig von hinten oder durch die anarchische Industrielandschaft des Ruhrgebietes, durch die Wüstenrotsiedlungen in Schwaben oder endlose nordhessische Wälder.

Fünfdreiviertel Stunden sind es von München bis Köln, für Bahnschwärmer genau die richtige Genußlänge. Die Reisetasche ist verstaut, der Mantel am Haken, was ich brauche, steckt jederzeit greifbar vor mir im Netz – jetzt wird erst einmal tief durchgeatmet und von der Außen- voll auf die Innenspur geschaltet. Ich öffne ein Buch und versinke bis weit hinter Stuttgart in der tropischen Schwüle Keralas oder mit Andrei Makine in sibirischer Monotonie. Oder ich packe besagte Zeitschriften aus der prallen Wundertüte: ein Paket aus der ›Frankfurter Allgemeinen‹, der ›Süddeutschen‹, ›taz‹, ›Capital‹, ›Bild‹, ›Hotel- und Gaststättenzeitung‹, ›Titanic‹, ›Science‹, ›Economist‹ und ›Fit For Fun‹. So willkürlich wie möglich kaufe ich ein; vielfältiger jedenfalls als der Gruner+Jahr-Vorstandsvorsitzende Gerd Schulte-Hillen, der im Zug, so verriet er einem in der Bahn verteilten Blättchen, »am liebsten natürlich die eigenen Blätter« liest. Schon der Anblick des bunten Stapels versetzt mich in libidinöse Verzückung. Erst blättre ich, mal hier und mal dort, darin herum, zögere die Sache noch ein wenig hinaus. Um die Hefte dann systematisch zu verschlingen, eins nach dem anderen: Ratgeber und Rundumschläge, Boulevard und Bilanzen, Leitartikel und Lächerliches, Analysen und Albernheiten. Ausführlich wie zu Hause nie lese ich begierig, auch alles über Themen, mit denen ich mich an normalen Arbeitstagen bestimmt nicht beschäftigen würde. Hier habe ich Zeit, unendlich viel Zeit: In diesem Nirgendwo gibt es keinen Zweck, nur den, anzukommen, und für dessen Erfüllung muß ich nichts tun. Lesen auf Reisen, Siegfried Unseld nennt das die »doppelte Horizonterweiterung«: Ich streiche an und reiße heraus, lerne und grüble darüber, wie andere denken, ärgere mich und lache manchmal so laut auf, daß sie mich im Abteil vermutlich für einen therapiebedürftigen Fall halten. Mehr als einmal habe ich in diesem Zustand öffentlicher Selbstverlorenheit gerade noch rechtzeitig gemerkt, daß ich bereits angekommen war. Und manchmal auch nicht mehr, auf dem Rückweg von Davos etwa: Statt in St. Margarethen, wo ich in den Zug nach München hätte umsteigen müssen, fand ich mich, trunken aufschauend, bereits in Zürich und konnte panikartig gerade noch rechtzeitig die Sachen zusammenpacken, um wenigstens hier auszusteigen. Ich brauchte für die Entfernung zwölf Stunden statt sechs: Am gleichen Tag gab es nur noch Bummelzüge über Friedrichshafen und Ulm, viermal umsteigen. Inklusive Übersetzen mit der Fähre. Immerhin verdankte ich meiner Selbstversunkenheit eine schöne Zusatzreise und unternahm bei strahlendem Sonnenschein hoch an Deck meinen ersten Ritt über den Bodensee.

Natürlich mache ich Pausen beim Lesen, in denen lassen Denken und Fühlen sich gehen, die Wahrnehmung entgleitet in seliges »diffuses Schleifen«, wie Renate Just das nennt, und wandert ziellos und unberechenbar zwischen den Spuren außen und innen hin und her. Die Nachbildung des Orient-Expreß beispielsweise, ein golden beschrifteter »Train de Luxe«, der in einem Haltebahnhof auf dem Nebengeleis steht, holt vergessene Bilder von der alten tansanischen Eisenbahn nach Sambia empor, wo wir umgeben von tiefster Armut englische Frühstücke mit schwerem Silberbesteck serviert bekamen. »Tu as faim?« Fettpapierrascheln und Wortfetzen wehen aus dem Nachbarabteil herüber, und ich höre plötzlich William, diesen tollen Amerikaner, von dem ich Dir neulich erzählt habe, wie er mitten im Interview über ökologische Fragen in Istanbul französische Liebeslieder zu singen begann. Are you daydreaming *again*, Miss Grefe? Nebel mischt sich ins abendliche Blau des türkischen Himmels, tadam, dadadam, und dann bin ich »für die nächsten zehn Minuten Geschichte«, hat der amerikanische Essayist Jonathan Epstein über seine Übungen in der ›Kunst des Nickerchens‹ geschrieben. Eine Kunst, die ich überhaupt nicht beherrsche – kleine Schläfchen am hellichten Tage gelingen mir nie. Außer im Zug. Erst halb, dann tief, tadam, dadadam. Und ich bin nicht die einzige, beim allmählichen Wiederauftauchen erkenne ich, was ich im Unterbewußtsein schon vorher gehört habe: daß auch mein Nachbar und der Mann da drüben mit weit geöffnetem Maul daliegen. Genau wie in Robert Gernhardts Vers aus den ›Lichten Gedichten‹: »Sieh jene Führungskraft: / Kaum in den Schnellzugsessel / Der ersten Klasse gefallen / wirkt sie entkräftet ...«

Führend bin ich leider nicht, aber zu Kräften muß ich jetzt auch wieder kommen; zudem gehört der Speisewagen unumstößlich zum Ich-liebe-Zugfahren-Ritual. Nicht nur wegen der geschilderten finnischen, der österreichischen und toskanischen Wochen. Nach drei Stunden mit mir allein bin ich auch reif für den letzten Ort direkter Öffentlichkeit: Völlig getrennt leben doch in den Städten die verschiedenen gesellschaftlichen Schichten, Altersgruppen und Denkrichtungen – jede hat ihr Viertel, ihre Läden und Kneipen, man bleibt unter sich. An den häßlichen Resopaltischchen mit Plastikblumen-Vasen und beinhart gestärkter Tischdecke des Bord-Restaurants aber prallen die Welten noch aufeinander – nicht bloß medial, sondern persönlich, unmittelbar, hautnah. Aus Neugier pflanze ich mich grundsätzlich allein an einen Vierertisch, damit was losgeht. Der biedere Rechtsanwalt im Strickpullover beispielsweise, einmal Putensteak Champignons bitte, hat gerade ein soziales Schlüsselerlebnis. Fasziniert lauscht er dem Gerülpse und Gegröle einer Horde von Fußball-Fans in der nebenan liegenden Bierbar und bricht seiner attraktiven Begleitung gegenüber in sehnsuchtsvolle Bewunderung aus: »Du, das ist Tango!« Wenigstens von der älteren Dame am Nebentisch, die aussieht wie eine Kursleiterin für protestantisches Makramée, hätte ich angesichts der schauerlichen Witze, die von den Borussen herüberwehen, pikierten Protest erwartet. Doch stattdessen bricht auch sie ausgerechnet auf dem Höhepunkt der Geschmacklosigkeit eines Blondinenwitzes in schallendes Gelächter aus. Links wird über die Steuerreform diskutiert; hinter mir versucht ein Mediziner, ohne den weißen Kittel ganz entzaubert, einem schimpfenden Rheumapatienten das Abrechnungssystem zu erklären. Nett, wie der Professor *emeritus* der kleinen Studentin den Hof macht: Eitel rutscht er ihr näher und näher bei seinem Referat über das Menschenbild in der Biologie, und nachdem sie erst widerständig versucht hat, sich wieder ihrem Buch zuzuwenden, hängt sie inzwischen an seinen Lippen. Wären doch meine Ohren länger! Die beiden Typen da drüben sind eindeutig Berater aus Gerhard Schröders Staatskanzlei! Sie streiten sich leidenschaftlich, und ich verstehe, verdammtnochmal, kein Wort. »Lehr Du mich die Menschen kennen«, hast Du, liebe Mama, früher immer gesagt; viel von dem, was ich über sie weiß, kenne ich, beobachtend und Biographien ratend und manchem im Schutz der Anonymität unerwartet nahe gekommen, aus der Bahn. »Ach Baby, du sitzt gerade in der Badewanne?« Das war ein Yuppie mit Handy. Vor der Erfindung der Bahn-Card First wäre er sicher geflogen. Ein anderer diktiert seiner Sekretärin fernmündlich Vertragsentwürfe, völlig enthemmt: »Dat Ärste war die fake-Version, dat Zweite die zum Nachschieben.« Vermutlich ein Giftmüllhändler. Als ich mich beim süßen Klang unfaßbarer Summen nach ihm umdrehe, verläßt er für die Dauer des Telefonats das Bord-Restaurant.

Manchmal trifft man hier wie in der Stammkneipe Bekannte. Neulich abends schlug ich zwei Berliner Freunde bei einigen Fläschchen Macon Supérieur von Nürnberg bis München triumphal beim Stadt-Land-Fluß. Und soziale Entlastung findet man auch noch: Wie tröstlich muß es für gemeinsam in die Sprachlosigkeit erblaßte Ehepaare sein, hautnah die Sprachlosigkeit all der anderen Ehepaare zu erleben! Kaum haben sich der Dicke da drüben mit der Muttersohn-Mimik und seine mütterliche, ebenfalls opulente Frau nach gegenseitigem Vorlesen der Speisekarte auf ihre Bestellung geeinigt, bricht ihr Dialog ab. Stumm wie die Räucherfische auf ihrem Teller schauen sie sich um, aus dem Fenster hinaus oder geradeaus aneinander vorbei; bloß nicht den Blicken des anderen begegnen. Ob sie in ihren

Gedanken die verschiedenen Variationen des Gattenmordes durchspielen?

Leider haben noch nicht alle den Grad des totalen Schweigens erreicht. Die Kleingruppe aus drei offensichtlich betuchten Paaren, ich tippe auf Itzehoe, die natürlich reserviert haben!, kann sich nicht einigen, ob »der Pedder« in seinem Alter noch Auto fahren kann. »Ich habe Angst«, murmelt Birgit, Pedders Gattin, und zündet nervös eine Zigarette nach der anderen an. Während Erwin seinen Kumpel beschwörend verteidigt: »Mensch Birgit, das *eine* Vergnügen mußt du dem Pedder doch lassen. Dreißig Prozent Sehfähigkeit, das ist doch noch ziemlich viel!« Nicht zuletzt, um Dich vor den Geisterfahrer-Pedders dieser Welt zu schützen, liebe Mama, empfehle ich Dir dringend die Bahn.

Der Griff nach vier Sternen

Über das kindliche Glück, bedient zu werden

Heute, liebe Hannah, kommt wohl mein letzter Gruß. Ich werde ersticken; in der Gruft bin ich bereits. Die Gruft hat Schallschutzfenster, die man nicht öffnen kann. Wie besessen habe ich an ihren Rahmen gerüttelt, kleine Hebel hin- und hergekippt und an Schiebevorrichtungen gerissen, hysterisch wie eine Wespe, die an der Scheibe rauf und runter vergeblich nach einem Schlupfloch sucht. Die dicken grauen Gummivorhänge, mit denen die Zimmermädchen alles abgedichtet haben, bewegen sich nicht vom Fleck. So dringt aus der Außenwelt nichts mehr ein: keine Nacht, kein Licht, keine Luft. Von Sauerstoff unbeirrt können die monatealten Rauchsedimente aus Teppichen und geblümten Stores ihr beklemmendes Aroma entfalten. Auch wenn ich keine Chemikerin bin: Die Melange, die sie mit den Formaldehydausdünstungen der hundsgemein schäbigen Kunststoffmöbel eingehen, ist bestimmt tödlich.

Wie kann das schön sein: Nach eines langen Tages Reise erreichst du am Abend dein Ziel, eine Ruhrgebietsstadt vielleicht oder einen Flecken in Mecklenburg-Vorpommern, dessen graffitiübersäte fensterlose Häuserfronten, grinsende Plakatwände und kaum mehr beleuchtete, menschenleere Straßen dir auf dem müden Fußweg vom Bahnhof in die Dunkelheit fremd, ja bedrohlich erscheinen. Aber gleich wirst du ja im Hotel sein, das dich wärmend umfängt, beschützt, versorgt, umsorgt, so daß du am nächsten Morgen in einer bei Tageslicht ganz lebendigen kleinen Stadt mit neuer Kraft beginnst. Du schaust auf den Zettel, den Angelika aus der Reiseabteilung dir in die Hand gedrückt hat. Eine dieser Plastik-Hotelketten steht darauf. Dein Schritt wird schneller, denn jetzt schwant dir schon nichts Gutes mehr. Da ist es, ein Zementquader mit wenigen beleuchteten Quadrataugen – wie ein Eros-Center, gleich dahinter die Autobahn. An der Rezeption sitzt eine muffige Azubi, sie drückt dir wortlos den Schlüssel in die Hand. Flure wie im Straubinger Hochsicherheits-Block, Zelle 214 liegt hinter einer knallroten Tür. Natürlich gibt es keine Wanne, die dich trösten könnte, keine Mutterbauchflucht – dafür besitzt die Dusche eine selbst für Technikfachhochschulabsolventen vollkommen undurchsichtige Duscharmatur. Dazu grellweißes Verhörlampenlicht, das aus dir ein gelbgrünliches Gespenst macht. Am besten gleich schlafen. Die Bettdecke riecht wie der Teppich und trägt knisternd aufgeladen ihrerseits zum Mikroklima bei. In der Minibar gibt es nur Bier. Harald ist natürlich nicht zu Hause; erleichternd höchstens angesichts des Preises von 1,50 Mark pro Einheit. So muß ich mich bei Dir ausheulen. Stell Dir vor: Fast eine Woche lang soll ich hier ausharren. Und das mir! Wo ich doch diese eine Schwäche habe: schöne Hotels.

Du weißt: Was Konsumfragen angeht, versuche ich ernsthaft, möglichst nicht allzu verschwenderisch zu sein: Möbel noch die alten, Auto gar keins, Kleider im Ausverkauf, Kosmetik kaum. Aber für diese eine Form des Luxus' bin ich – na gut, außer für Pralinen aus Belgien – wirklich anfällig. Zugegeben, es ist auch noch einer der teuersten, ein Leib-und-Seele-Gesamtluxus. Und wahrscheinlich auch einer der verwerflichsten: Wie viele Menschen haben so ein Hotel noch nie von innen gesehen. Ein ganz schlechtes Gewissen kriege ich wegen meines Lasters, wenn ich in der ›Woche‹ Roger Willemsens Reflektionen über die »Fünf-Sterne-Sklaven« lese, die »die Spitze eines Klopapierblatts unter der metallenen Halterung zu einem gleichschenkligen Dreieck zu falten haben, damit der Gast das Papier mit zwei Fingern aus der Halterung ziehen oder damit er sich am Ornamentalen erfreuen kann oder einfach damit er sieht, wie an der Spitze dieses Klopapierblattes jemand gearbeitet und seine Würde verloren hat ...« Denn genau so eine dekadente Person bin auch ich: Jawohl, ich erfreue mich am Ornamentalen. Und es war einfach wunderbar, als sie mir neulich in Bonn, weil das Haus überbucht war, eine riesige Suite mit Schlaf- und Wohnraum und zwei Bädern ganz für mich allein zum ganz normalen Preis eröffnet haben. Nur dies kann ich zu meiner Entlastung vorbringen: daß mir solches Vergnügen höchstens bei spesenfinanzierten Kongressen oder Wochenend-Sonderangeboten zuteil wird. Aber Dir kann ich es gestehen: Der Guide Michelin mit seinen eins, zwei, drei, vier Häuschen, mit den verheißungsvollen Sternchen und Löffelchen, roten Piepmätzchen bei ruhiger Lage und grünen Bänkchen (»romantische Gartenterrasse und Schwimmbad in gepflegtem Park«) ist für mich erotische Literatur; eine Vorlage für hedonistische Phantasien. Und ich genieße sie alle: irgendeinen kernig-ländlichen »Goldenen Ochsen« auf dem Marktplatz von Sonstwiehausen genauso wie den auf Weltniveau getrimmten »Dülmener Hof«; üppig mit Tinnef überladene Kurhäuser, in denen man auf den Fluren flüstert, mit dem gleichen befremdeten Vergnügen wie lächerlich aufgebrezelte, bis zur Klobürste durchgestylte und -designte ARTotels; vergoldete Kongreßhoteldörfer mit ganzen Ladenzeilen ebenso wie historisch beseelte kleine Stadtnester oder herzlich-biedere Bed&Breakfasts. In meiner derzeitigen Unterkunft bin ich allerdings auf süße Erinnerungen angewiesen: an die Herzenswärme selbst winziger afrikanischer guesthouses, in deren Zimmer bloß Betten stehen. Oder weißt Du noch unser kleines privates »chambre d'hôte« im Marais, wo wir zu dritt in einem riesigen, gerüscht-geblümten, offenbar unseretwegen verlassenen Kinderzimmer mit Leonardo-di-Caprio-Postern an den Wänden schliefen? Oder der Bauernhof in Ischgl: rotkarierte Bettdecken mit Frühstück für 30 Mark?

Dabei bin ich durchaus auch empfänglich für unpersönliche, kalt kalkulierte Profi-Gastfreundschaft. Liebend gern lasse ich mir den schönen Schein vorspielen, jemand habe sich für mich ganz persönlich und *nur* für mich all die kleinen Überflüssigkeiten ausgedacht: Daß die Dame an der Rezeption vorher schnell die Ankunftsliste durchgeschaut hat, ist mir ja klar, trotzdem segle ich mit VIP-Gefühlen wie auf einer rosa Wolke in mein

Zimmer, wenn sie mich – »herzlich willkommen, Frau Grefe« – mit Namen begrüßt, noch ehe ich mich eingetragen habe. Herzlich schlicht freue ich mich über Nackenkopfkissen, die genau in der Mitte des großen sitzen und wiederum exakt mittig eine adrette Kerbe haben, und in der liegt ein Täfelchen Schokolade; im Berliner »Savoy« sogar noch ein kleiner Zettel mit Wölkchen darauf, die hochgradig unpräzise Wettervorhersage für den kommenden Tag. Ausdauernd studiere ich die Speisekarte für nächtliche Bestellungen. Entnehme der danebenliegenden Ledermappe zwei, drei Briefbogen und -kuverts für meine stetig wachsende Sammlung und stecke sie für zu Hause ein; irgendwann wird sich einer finden, dem der Absender »Bel Air«-Hotel in Den Haag etwas bedeutet oder den ich mit Nachrichten aus dem »Osaka Plaza« verwirren kann. Morgens wird, wie angenehm, lautlos ein ›Tagesspiegel‹ unter der Türritze durchgeschoben: Zeitunglesen im Bett! Und neben dem Koffergestell steht einer der vielen Gründe dafür, daß ich bedaure, kein Mann zu sein und auch keine geschäftstüchtige Trägerin edler Hosenanzüge: »The Corby Trouser Press«, die Bügelfalten-Preßmaschine, deren schwarzweiß gezeichnete Bedienungsanleitung mit Bildern von verknüsselt-entgleisten Herren-Kniekehlen mit dem »Das waren doch nicht etwa Sie«-Charme der sechziger Jahre besticht. Im Bad sitzt ein Körbchen mit rosa Stoffeinlage voller Lotionen und Kräuterbäder, Schuhschwämmchen und Nähzeugtütchen (jetzt nicht an das Duale System denken!). Handtücher dick und flauschig, in Überfülle. Und wenn ich dann, duftend eingelullt in diese Wolke aus Frottee, auf dem Bauch auf dem Bett meinen Krimi verschlinge, wird mir klar, womit die Hotelketten außer mit meiner Genußsucht und der gezielt erzeugten Illusion, ich sei von Welt und Bedeutung, sonst noch spekulieren: mit Regression. Purer Verkindlichung. Service – dieses Zauberwort heißt, ob bei Dienst- oder Lustreisen, übersetzt nichts anderes als: Mama kocht, Mama macht sauber und das Bett und alles schön – und ich mach gar nichts. Eine Insel der perfekten Versorgung, wo alles wie von Zauberhand geschieht. Meine sieben Jahre alte Nichte hat dieses entscheidende Moment sanktionierter, indes bezahlter Faulheit bei ihrem allerersten Hotelaufenthalt an der Adria sofort messerscharf erkannt, da hatte sie gerade ihre Reimphase und sang: »Welch ein Schrecken, welch ein Graus / Wie sieht es nach der Reise aus!« Hallo? Bringen Sie mir bitte noch eine Wolldecke hoch? Ludludl.

Doch keine Antwort, hier kommt keiner. Und als wäre die Pein des Licht- und Luftmangels noch nicht ausreichend, liegt der Abluftschacht gleich vor meinem Fenster und hat, was nächtliche Ruhestörung in Zimmer 214 angeht, mit dem Aufzug eine Wette laufen. An Schlaf ist nicht zu denken. Und so gebe ich mich jener Beschäftigung hin, die mich zu Hause bloß nervös macht: Fernsehen im Bett. Allein mit der Glotze, meist bis zur Ohnmacht morgens um drei. An schmandigen Außerirdischen, testosterongeschüttelten Cops und hoffentlich schnell genug am sauteuren Pay-TV-Pornokanal vorbei zappe ich so lange, bis ich etwas gefunden habe:

Oh, auf Vox läuft Robert Altmans ›The Player‹, den sehe ich mir wegen Tim Robbins auch noch ein fünftes Mal an.

Es ist stockfinster, nur der Bildschirm flimmert, das erinnert an Kindertage mit der Taschenlampe und Enid Blyton unter der Bettdecke. Wenn man den Ton herunterdreht, hört man durch die Wand manchmal im Gleichklang aus dem Nebenzimmer dasselbe Programm. Wer dort wohl liegt? Jetzt ist es passiert: Nicht immer bewirkt die Hotelanonymität wohliges Alleinsein, manchmal weckt sie Einsamkeitsunrast. Besonders in Doppelzimmern, vermietet zum Einzelzimmerpreis. Plötzlich will mir Robert Gernhardts Gedicht nicht mehr aus dem Kopf: »Wozu lädt das breite Bett ein? / Zum Sterben, zum Schlafen, zum Ficken? / Mit Eins und Zwei muß man rechnen, / das Dritte dürfte nicht glücken.« Und obgleich vielleicht nicht jede einzelne Formulierung dieses Poems meinem elaborierten Code ganz entspricht und es natürlich gar nicht nur um das eine geht, auch um nettes Geplauder – ich glaube, ich geh' doch nochmal runter. Ein Blick in den Spiegel. Wie wäre es mit dem türkisfarbenen Blazer. Ein Tropfen »Magie Noir« hinter jedes Ohr, wer denkt sich bloß diese bescheuerten Parfumnamen aus? Und dann wollen wir mal sehen, wer noch alles da ist. Eine Frau betritt den Raum, allein, schon nach elf – ich weiß nicht, wie es Dir geht, aber mittlerweile halte ich die neugierigen Blicke locker aus. Meist setze ich mich an die Theke. Einen Rotwein, bitte. Ich mag das lässige Hängen auf hohen Hockern; man kommt da auch, falls es blöd wird, schneller wieder weg. Außerdem sind die Keeper sowieso die nettesten Leute. Im Weimarer Hotel »Elephant«, dessen Bar mit ihrem Art-Deco-Design in Lindgrün und kaltem Chrom eine der schönsten ist, die ich kenne, erzählte der Keeper kurz nach der Wende bis morgens um drei von den Besuchen des Politbüros und zu welcher Stimmung die Leute, dicht an dicht in Reihen stehend, allabendlich aufliefen, weil hier – um so mehr, wenn es Westbesucher gab – für ein Land mit Reiseverbot die weite Welt war. Zugleich komisch wie just an diesem Ort deprimierend waren die empirischen Flirt-Studien der Jungs im Berliner »Esplanade«: Deutschland, ein einziges Tapsigkeitsdesaster, sagten sie. Ich kann es bestätigen. Wobei die meisten deutschen Hotelbars ihr Teil dazu beitragen: Findest Du nicht auch, daß ihre Aufmachung im Vergleich etwa mit britischen oder amerikanischen allzu oft die Bereitschaft zu Erotik und Entgrenzung gleich im Keim erstickt? Idealtypisch hast du es mit gedämpften Tischlämpchen, dunkler Holztäfelung und muzakneutralisierten Jazz-CDs zu tun, die alle zusammen gellend schreien: »Atmosphäre!« Während der Kellner vor deinen Augen mit bloßen Händen staubiges Knabbergebäck aus der Tüte herausbaggert. Ansonsten höchst ungefährlich nur brave Paare, die an einer Caipirinha suckeln. Ferner die Teilnehmer einer Schulung von Tchibo oder 3M, die den ganzen Tag im »Salon Braunschweig« verbracht haben und sich jetzt, im Crescendo Witze erzählend, kathartisch eine Runde nach der anderen reinkippen. Gleich neben mir kommen sich zu fortgeschrittener Stunde die beiden heutigen Referenten näher: Beim zweiten Pils geht es noch rein dienstlich um die Versetzung von Herrn K. Beim fünften ist die Unterhaltung bei der verkorksten Ehe des einen gelandet. Und nach drei weiteren legt der Untreue dem anderen zärtlich den Arm um die Schultern, als dieser von seiner Hilflosigkeit gegenüber den pflegebedürftigen Eltern erzählt. Es ist sehr schön zu sehen, daß Männer weinen können und auch Manager Menschen sind – trotzdem, etwas frivoler hatten wir uns den Abend schon vorgestellt. Von wegen Humphrey Bogart meets Lauren Bacall: Herr Gernhardt, Sie haben ja so recht. Oder liegt es bloß an mir, daß meine leidenschaftlichste Tresenbegegnung platonischer nicht hätte sein können: Fünf Personen aus vier Nationen erzählten sich eine ganze Nacht lang kichernd von ihren Lieblingssüßigkeiten aus Kinderzeiten (was meiner Regressionsthese neue Nahrung gibt). Seither weiß ich, daß »LIFE SAVERS«, in Rollen verpackte Lutschbonbons mit einem Loch in der Mitte, im gesamten englischsprachigen Raum verbreitet sind, und zwar in weit über hundert Geschmacksrichtungen!

Liebe Hannah, irgendwann mußt Du mir mal Deine diesbezüglichen Erfahrungen erzählen. Was mache ich falsch? Ist träumen doch besser als leben? Zumal unterwegs, wo die Inspirationen zahlreich sind: Da drüben in der diskreten Ecke, das ist bestimmt ein hoher UN-Beamter, der auf eine wie mich als Mitarbeiterin in Rom oder Nairobi schon lange gewartet hat. Und gleich kommt Tim Robbins rein, setzt sich neben mich, lächelt: »Und was machen *Sie* immer so?« Kürzlich in Bonn hat mir tatsächlich ein junger Mann in sehr kostbaren Seidenhemden, der sich als Original-Wüstensohn entpuppte, quer über den Tresen einen Piccolo spendiert. »Von dem Herrn dort drüben«, sagte der Keeper. Ich riskierte einen Blick: Nun gut, ein bißchen pausbäckig war er, sah aber sonst gar nicht schlecht aus. Endlich der lang ersehnte, ewig sprudelnde Öldollarquell. Erwartungsfroh ging ich hin, um mich zu bedanken. Da erzählte mir der Mann aus dem Orient nach allerhand höflichen Vorspielen, daß er in der Armee seines Landes für die ordnungsgemäße Befestigung der Bomben an den Militärflugzeugen zuständig sei. Oh really? How nice to have met you.

Er hätte mir bestimmt all meine Wünsche erfüllt: Einmal ins Pariser »Ritz«, wo man das Doppelzimmer ab (!) 980 Mark reservieren kann. Mein neues Traumziel ist das Hotel »Londowskaja« zwischen der großen Treppe aus dem ›Panzerkreuzer Potemkin‹ und dem Puschkin-Denkmal in Odessa, das mit einem hinreißenden, von Pflanzen in geheimnisvolles Dunkel getauchten, buntglasfensterumrahmten Treppenaufgang nach oben lockt. Oder einmal ins »Santa Caterina«, das in abenteuerlicher Halbrund-Architektur blütenweiß und von Weinranken und Zitronenbäumen umgeben an Amalfis senkrecht ins Meer stürzender Steilküste klebt: Aus dem sonnendurchfluteten Zimmer siehst du kein Haus, keine Straße, nur noch Azurblau. Noch näher an den Naturgewalten war unser kleines Strand-Motel in Cape Canaveral – die Atlantikwellen schienen das Bett regelrecht zu überrollen. Im französischen St-Émilion suchten wir

in der Hochsaison verzweifelt nach einer Unterkunft und haben uns am Telefon beim Preis schlicht verhört: So landeten wir verwundert in einem richtigen Schloß, das eindeutig für reiche Unternehmer und ihre Büro-Gespielinnen angelegt war. Den frivolen Mittelpunkt des ganz in Schwarz und Rot ausgestatteten James-Bond-Schlafzimmers nahm eine gläserne, nur von außen einsehbare Duschkabine mit Whirlpool ein! Oder, ganz anders und ganz einfach, das »Emerson House« in Sansibars Stone Town. Ich fühlte mich wie in Tausend-und-einer-Nacht: In dem steinernen alten Palast war der kleine Schlafraum zu einem Innenhof hin geöffnet, die Stimmen der Gäste mischten sich mit den Gesängen der Mullahs und der Hindu-Priester aus Moscheen und Tempeln nebenan. Bett und Schrank waren aus kostbarem Ebenholz geschnitzt, unter dem Moskitonetz lag jeden Abend frischer Jasmin auf den Kissen, über die Treppe ging es ins leuchtend blaue Bad unter offenem Himmel. Und abends speiste man ein paar Häuser weiter hoch über den mittelalterlichen Zinnen der Stadt. Ein sultanisch-sündiges Erlebnis auf silbern bestickten Kissen, zu Rossini-Arien gab es französisch inspirierte Gerichte mit den Gewürzen der Insel: Langusten im Kokosmantel, Zitronenhühner, Korianderbarben ...

Wie mein Magen knurrt! An Essen, die Vollendung des Hotelglücks, überhaupt eines der stärksten Reisemotive, darf ich jetzt aber wirklich nicht denken ... Zu spät: Blätterteig-Täubchenpastete in Marrakesch, Flußkrebse in der Gascogne, Kürbisravioli in Mantua sind mir gerade auf silbernen Tabletts erschienen, Clam Chowder in Boston, und das göttliche English Breakfast im »Basil Street Hotel« mit heißem Porridge und Eiern und knusprigem Speck und Kartoffelplätzchen dazu; und ich gehöre ja zu den Leuten, die auch schon morgens roten Bohnen eine Menge abgewinnen können ... Ein Uhr zeigt der Wecker, wie halte ich bloß die sechs Stunden bis zum Frühstück aus? Vor allem: Wie dann das Frühstück? Denn das ist hier garantiert geruchsfrei, von der »Streichwurst« und der »Schmelzkäsezubereitung« bis zum »Kaffeeweißer« komplett in kleinen Aluminiumtöpfchen verschweißt und verpackt, und auf dem Tisch wird ein kleiner Plastikeimer stehen, so daß du dich wie im Vorhof zur Müllverbrennung fühlst. Na dann: Gute Nacht.

Die Anekdotentheorie

Reisen als Angsttraining

Lieber Papa, das war vielleicht eine Ankunft! Nicht daß uns die lange Fahrt sonderlich angestrengt hätte; auch ging Petra und mir, als wir vor unserem Ferienhaus standen, das Herz weit auf, beflügelt von jener leichten Reise-Euphorie, wenn sich die Phantasiebilder einer diffus gespannten Vorfreude zu Wirklichkeit materialisieren: In schlichter toskanischer Eleganz liegt das alte Gut unter Zypressen, ganz einsam am Ende einer Stichstraße hoch über Borgo Lorenzo, und dahinter beginnt gleich der Wald. Zwei große Tonkrüge vor der Eingangspforte; dann geht es in einen hellen Wohnraum, in dem nichts außer einem schmalen, endlos langen, beinahe schwarzen Eichenholztisch steht. Eine großzügige Küche, und aus den Schlafzimmern oben schaust du über Olivenhaine, so weit das Auge reicht. Die Temperaturen sind lau, Florenz liegt nicht mal eine Dreiviertelstunde entfernt, alles bestens, wenn nicht ...

Ich sage Dir, etwas Ekligeres habe ich noch nie erlebt: Wir öffnen die Tür, es macht ein Geräusch wie tausend Klapperschlangen, und vor unseren Augen regnet, rieselt und prasselt etwas von der Decke herab; innerhalb weniger Minuten ist der schöne Klinkerfußboden übersät, als läge dort ein rotbrauner Teppich. Wir schauen genauer hin: Hunderte von trägen, torkelnden, auf dem Rücken liegenden, übereinander kriechenden, schäbigen, gepanzerten Kakerlaken, und zwar von der größeren Sorte. Wir schlucken, sehen uns an. Nehmen uns zusammen und suchen nach einem Besen – stell Dir bitte mal Kehrbleche voller Kakerlaken vor. Eimerweise haben wir sie hinausgetragen, alles mit Paral eingesprüht und sind, um nicht selber dem chemischen Tod zu erliegen, erst einmal lange spazierengegangen. Unterwegs erfuhren wir beim Bauern nebenan, daß Peter und Manfred, die uns ihr Haus vermietet haben, seit September nicht mehr hier waren, also den ganzen Winter lang. Schaben aber verbrächten die kalten Monate mit Vorliebe in den Deckenholzritzen ungeheizter Häuser. Uns sei das Glück beschieden gewesen, sie dem ersten Frühlings-Lichtstrahl auszusetzen. Als wir zurückkamen, war alles schon wieder übersät: Sie waren überall, überall!, unter Schränken, in Schubladen, selbst in den Betten torkelten sie, wenn du die Decke lüftetest, auf ihren Stelzenbeinen benommen herum. Ein Alptraum, sich dazu zu legen. Deshalb beschlossen wir, nur die Küche zu bewohnen. Die haben wir systematisch entschabt und ordentlich eingeheizt in der Hoffnung, daß Kakerlaken keinen Rauch mögen. Aus dem gleichen Grund schlafen wir jetzt direkt neben dem offenen Kaminfeuer, zu zweit auf der Küchencouch, was ziemlich eng ist. In der ersten Nacht meinte ich beim Wegdämmern immer wieder, ein Kribbeln an Bauch und Beinen zu spüren; auch meine Bettgenossin zuckte unruhig hin und her. Aber am Ende hat uns das gemütliche Knistern der Glut wohl beruhigt. Ob wir uns hier allerdings je unter Leute wagen können, ist noch unklar.

Als wir heute morgen aufstanden, mußte ich Petra recht geben. »Du riechst wie ein Parma-Schinken«, sagte sie.

Auch wenn ein leises, das Lebensgefühl in unserem Ferien-Palazzo bestimmendes Mißtrauen bleibt – wir haben beschlossen, die Sache heiter zu nehmen. Dabei hilft uns die Anekdotentheorie meines Berliner Freundes Lothar Müller, die ich beim Frühstück vorgetragen habe. Für dich, den großen Geschichtenerzähler meiner Kindheit und bis heute unübertroffenen sauerländischen Griot, will ich nun, ehe wir zu den Uffizien aufbrechen, versuchen, seine philosophische Theorie kürzestmöglich und soweit ich sie verstanden habe, zu skizzieren.

»Wenn einer eine Reise tut, dann kann er was erzählen« – schon an dem alten Sprichwort ist ja eine Menge dran. Leider ist es unbestimmt weit gefaßt: »Was erzählen«, das heißt doch nichts anderes als »irgendwas«, also wurscht was, und besagt insofern gar nichts über die *Qualität* der Geschichte. Diese bittere Wahrheit kennt jeder, der schon mal zu Dia-Abenden eingeladen war, bei frischverliebten, aus südostasiatischen Flitterwochen zurückgekehrten Paaren, die sich auf hundert Prozent der Bilder bloß gegenseitig photographiert haben. Ihre Reiseberichte von der Qualität: »Das hier ist jetzt Markus auf unserer Hotelterrasse« oder »In dem Laden hat sich die Birgit ein Seidenkleid gekauft« lassen jeden Zuhörer kalt. Einfach kalt. Überhaupt, da wirst Du mir zustimmen, kann man das zumeist angestrebte Reiseziel Erholung ohnehin nicht erzählen: Strand war sauber, Meer war warm, Sonne schien, alles gut? Das ist keine Story, sondern öde und fad.

Die Anekdotentheorie geht nun von zwei psychologisch unbestreitbaren Prämissen aus. These eins: Jeder, der reist, tut dies neben zahlreichen anderen Motiven auch, um hinterher mit dem Erlebten groß rauszukommen. Im Zeitalter des Massentourismus reicht dafür ein aufregender Zielhafen an sich kaum mehr aus; die anderen waren längst auch schon auf Mallorca oder den Malediven, und nach W. S. Gilbert gilt: »When everybody is somebody, nobody is anybody.« Es muß also noch etwas dazukommen, damit aus Jedermann wieder ein Besonderer werden kann. Zum Beispiel ein kleines Unglück, auch daher lautet These zwei: Menschen teilen zwar gerne alles mit ihren Lieben und sind insofern durchaus an Berichten ihrer weitgereisten Freunde und Verwandten über Land, Leute und Hotels interessiert. Aber lieber noch empfinden sie mit ihnen nachträgliche, also gefahrlose Angstlust und ohne sie kräftige Schadenfreude; ungleich teilnahmsvoller ist ihr Lauschen und Lachen, stößt dem Reisenden recht viel Unbill zu. Das wußte bereits der von Dir zu Recht verehrte große Münchhausen. Doch gut gelogen ist nur halb gewonnen – was tatsächlich passiert ist, kommt noch besser. Oder sagen wir so: Man kann an der Wahrheit ruhig ein bißchen feilen, radikal schließt das eine das andere auch wieder nicht aus.

Zusammengefaßt, lautet die Anekdotentheorie also folgendermaßen: Je beschissener es dir unterwegs geht, desto besser ist später die Geschichte und damit dein Auftritt. Bei diesem Überbau fällt auf Urlaubskatastrophen plötzlich ein ganz anderes Licht: Sie sind nicht

mehr Grund zum Jammern und Klagen, sondern Stoffsammlung. Insofern hat die Theorie sogar therapeutische Wirkungen. Denn ihre Anhänger (zu denen ich gehöre, wie Du siehst) sind so schnell nicht aus der Ruhe zu bringen. Sie gewinnen im Gegenteil jedem Krisenfall, und sei es nur perspektivisch, etwas ab: 150 Kilometer langen Autobahnstaus, bei minus zwanzig Grad, abgefahrenen Zügen, einem Blizzard in New York, der die ganze Straße zum Flughafen undurchpflügbar verschneit und vereist, so daß Du in einem Zimmer mit kaputter Heizung einfach festhängst. Oder eben Kakerlaken. »Wir sind gut angekommen, alles in Ordnung« – gib zu, einen Brief, der so anfängt, liest man gar nicht erst weiter.

Eine ganze Menge praktischer Anwendungen fallen mir da ein! Der rotblonde Wunderling namens Jack, mit dem ich damals einen Teil Neuseelands bereiste, war ohnehin schon schildernswert: Im finsteren Kofferraum seines völlig verrosteten schwarzen Rovers aus den fünfziger Jahren stapelten sich drei Eierpaletten zu je sechzig Stück; die hatte ihm sein Vater als Proviant mitgegeben, und jeden Tag mußten wir morgens und abends um unser Leben Omeletts essen. Aber jetzt stell Dir eine unerwartet scharfe Kurve, die dazu passende exzessive Vollbremsung und dann den Kofferraum vor – das erst gab den Suspense für eine richtige Anekdote, gemäß Theorie.

Oder die Sache mit den Berggorillas: Natürlich wollten Micha und ich die seltenen Tiere in Ruanda unbedingt sehen, was, wie wir am Fuße der Vulkane nahe der

Grenze zu Zaire erfuhren, viele versuchten und nur wenigen gelang. Unser Führer hatte, nach einem kräftezehrenden Aufstieg in tropischer Schwüle, gleich am ersten Tag Erfolg. Wir zitterten wie das morgenfeuchte Regenwaldlaub angesichts von acht mächtigen Exemplaren. Geduckt und auf allen vieren sollten wir sie beobachten und dabei mit einem Zweig im Mund vortäuschen zu äsen, damit sie uns für Artgenossen hielten. Und tatsächlich, die Tiere beäugten uns ebenso neugierig wie wir sie. Vor allem das männliche Familienoberhaupt mit seinen Muskelgebirgen unter silbergrauem Fell jagte mir so viel Angst ein, daß ich aus meiner unbequemen Hockstellung mehrmals beinahe umgekippt wäre. Doch alles in Ordnung, keine weiteren Vorkommnisse, nach wenigen Minuten trollten sich unsere zunehmend gelangweilten Verwandten. Insofern sind die Gorillas ein nachhaltiges Naturerlebnis und darüber zu berichten ist auch recht interessant. Doch anekdotentheoretisch betrachtet ist meinen schadenfrohen Freunden am klarsten in Erinnerung geblieben, daß ich im Verlauf dieser Begegnung der gleichen Art vor lauter Aufregung nicht nur einen, sondern gleich mehrere komplette Zweige mit allen Blättern und Läusen daran heruntergeschluckt habe. Tagelange Bauchschmerzen inklusive, hahaha!

Die Afrikareisen Anfang der achtziger Jahre waren überhaupt sehr ergiebig, meistens als Folge unserer unendlichen Ahnungslosigkeit. Damals haben wir euch besorgten Eltern unsere Fauxpas natürlich nicht erzählt. In Tansania wollten wir (mein Reisegefährte war Medizinstudent) unbedingt ein Leprakrankenhaus besuchen, das endlos weit abgelegen am Ufer des Malawi-Sees lag. Tagelang trampten wir auf immer kleineren und immer weniger asphaltierten Sträßchen erwartungsfroh dorthin, die letzten 14 Kilometer mußte man sogar zu Fuß gehen. Mit Rucksäcken durch die Teefelder, im Strom unzähliger alter und junger, uniformierter und zerlumpter Menschen, die Hühner und bis auf den Boden schleifende Taschen schleppten, blaugeränderte Emailleschüsseln und Strohkörbe, Krüge und riesige blaue Plastiksäcke auf dem Kopf; wo wollten die nur alle hin? Von einer ähnlichen Vielfalt verlorener oder zielstrebiger Reisender auf dem Weg zu Märkten, Verwandten, nach Hause oder ins Ungewisse hinein müssen in vergangenen Jahrhunderten auch die Straßen Europas belebt gewesen sein. Es war heiß, die Kleider klebten am Körper, als wir abends vollkommen erschöpft im Dorf ankamen. Dort erfuhren wir dann folgendes: Der Doktor, den Sie suchen, ist nicht da, das Leprakrankenhaus empfängt niemanden, nein, es gibt nirgends eine Übernachtungsmöglichkeit, Zelten ist zu gefährlich, hier streunen Schmugglerbanden herum, und wer seid ihr überhaupt, Spione aus Malawi? Ende der Durchsage. Die Sonne war untergegangen, da standen wir, ratlos und verschreckt in the middle of nowhere. Erst als es richtig dunkel wurde, nahm uns der Bürgermeister, hin- und hergerissen zwischen der Parteidisziplin und den Gesetzen afrikanischer Gastfreundschaft, mit in ein leerstehendes, abgelegenes Haus: Hier könnt ihr über Nacht bleiben, aber laßt euch nicht sehen, schon gar nicht mit mir! Und ihr müßt weg sein, bevor es hell wird. Daß wir in dieser Nacht gut geschlafen hätten, kann ich nicht sagen. Morgens um halb vier brachen wir auf. Es war so finster, daß wir weder einander noch die eigenen Füße sehen konnten, geschweige den Weg. Gemurmel vor uns und hinter uns. Dunkle Gestalten im Dunkeln. Wahrscheinlich unterwegs, um uns Spione festzunehmen ... Die 14 Kilometer zogen sich doppelt so lang hin wie bei Tag. Wir hätten einfach wissen müssen, daß die Gegend militärisches Sperrgebiet war.

Oder meine kleine westafrikanische Odyssee. Guinea-Bissau hatte ich damals zum Objekt meiner Reisebegierde erwählt, weil dort dänische Freunde als Ärzte arbeiteten. Ruckartig brach die Tour indes im Senegal ab: Der Weiterflug war gecancelt, weil der Präsident der früheren portugiesischen Kolonie, hieß es, die beiden einzigen größeren Maschinen für sich selber brauche. Einstweilen. Da saß ich, früh um vier, in Dakar statt bei Bente und Kjeld, und wußte nicht weiter. Genauer gesagt nicht einmal, wo ich war (das passiert mir nicht nur bei Fernreisen oft, teils aus Zeitnot, manchmal aber auch, um mir das Geheimnis, die Überraschungen zu erhalten, daß ich Landkarten und Literatur zum ersten Mal an Ort und Stelle in die Hand nehme). »Kein Problem«, lächelte freundlich der Herr am Schalter. »Sie steigen auf dem Markt in einen Wagen und sind schon in zwei Stunden dort.« Bald fand ich mich in einem der zahllosen, mit laufendem Motor wartenden, der Verschrottung nahen Sammeltaxis. Eingeklemmt zwischen vier wildfremden Männern auf der durchgesessenen

Rückbank und einer riesigen Frau, die auf einer Colanuß herumschmatzte und unter deren bettuchartigem Gewand der gesamte Beifahrersitz verschwand, kriegte ich plötzlich Panik: Was machst du hier eigentlich, wo bist du überhaupt, wo liegt die Grenze und wo die Hauptstadt, und wie weit ist das? Und tatsächlich wurden aus den zwei Stunden viereinhalb Tage: Mit dem Auto bis Ziguinchor in der Casamance. Dort hatte Monsieur Diouf, der einzige Transportunternehmer im Dorf, leider kein Benzin, »aber morgen, seien Sie also unbedingt pünktlich vor Morgengrauen bei ihm«. Vor Morgengrauen war noch immer kein Sprit da. Erst am übernächsten Tag. Nach einem Ritt ohne Federung über vogelwilde Schlaglöcher setzte Monsieur Diouf seine Kunden am Gambia-Fluß ab. Ich rieb meine Beulen. Warten am Ufer, in praller Sonne. Gegen Abend tuckerte die Fähre herbei. Bis sie endlich mit all den Bauern und ihrer Habe beladen war! Das Schiff sank immer tiefer, langsam und ächzend pflügte es seine Spur durch Mangroven bis zu einem kleinen Steg. Wo dann der Bus Richtung Bissau prompt weg war.

Dead End. An einsamer Kreuzung hockte ich auf meiner Tasche. Drei, vier Lehmhütten standen ohne ersichtlichen Grund am Weg, aber kein Dorf weit und breit, geschweige denn ein guesthouse. Was nun? Soll ich die Nacht etwa alleine draußen verbringen? Ich überlegte, welche wilden Tiere es in der Gegend so gäbe. Schlangen und riesige Spinnen auf alle Fälle. Du zitterst ja. Ibisse schrien vor dem brennenden afrikanischen Himmel. Wahrscheinlich vergewaltigen dich die beiden

Typen da drüben. Männer in cremefarbenen Uniformen, junge, kräftige Kerle. Auch sie hockten auf einer Art Seesack. Da verschwand der Ältere in einer der Hütten, kam nach ein paar Minuten wieder heraus und auf mich zu ... »Wir haben ein Zimmer für Sie.« – »Für mich?« Er bedeutete mir, ihm zu folgen und brachte mich, umschwirrt von kichernden Kindern, in einen dunklen Raum. Die flackernde Petroleumlampe ließ zwei Pritschen erkennen. Erleichtert dankte ich den Soldaten: »Und wo schlafen Sie?« – »Auf der Straße, hier vorm Haus ...« So kam es, daß ich eine Nacht mit gleich zwei wildfremden Offizieren der Armee von Guinea-Bissau verbrachte: die beiden auf dem einen Bett – ich stocksteif, hellwach und in voller Montur auf dem anderen. Am nächsten Morgen fuhr ich mit meinen beiden Freunden, die wie Body Guards auf der Ladefläche eines Jeeps links und rechts neben mir standen, über die große Flughafen-Paradestraße in der kleinen Hauptstadt Bissau ein. Nichts von all dem hätte ich beim ordnungsgemäßen Verlauf des Linienfluges Dakar – Bissau erlebt. Hätte das kleine Hotel mit dem lebendigen Innenhof in Ziguinchor nicht kennengelernt, wo mich an einem der langen, einsamen Wartenachmittage plötzlich einer in rheinischem Singsang ansprach: Der Herr Ingénieur hatte in Bonn studiert und zeigte mir nun sein altes Kolonialstädtchen, in dem es sogar ein Wiener Café mit Blätterteig-Schillerlocken gab, wunderschöne Parks, und schockierende Gegensätze zwischen französischen Luxuswaren und bitterer Armut in Blechhütten. Auch die fetten Wiesen der Casamance wären mir entgangen und das breite Band des ruhig dahinströmenden Gambia-Flusses.

Es gibt allerdings Fälle, wo die Anekdotentheorie nicht mehr greift. Zum ersten Mal seit Jahren hast Du es geschafft, nicht zwei, nicht drei, nein fünf freie Wochen einzig und allein zur Entspannung freizuschaufeln. Der Liebste kommt mit, auch er die ganze Zeit. Du hast ein paradiesisches, von der Brandung umtostes, buntes Häuschen auf einer der Kanarischen Insel aufgetrieben, mit Terrasse und gleich am Strand. Um dann die ganzen verdammten fünf Wochen mit allergisch geschwollenen Augen und lichterloh entflammter Haut wahlweise im Bett oder im Krankenhaus zu verbringen ...

Es sind wohl doch eher die kleineren Katastrophen, die sich als Anekdoten eignen. Verdauungsgeschichten etwa kommen immer gut an, sie erfordern indes eine gewisse persönliche Nähe zum Zuhörer. Vollgesogene Daunenschlafsäcke in der Regenzeit wecken ebenso garantiert herzliche Schadenfreude wie Anfälle von Seekrankheit. Zwei Wochen Segeln im südöstlichen Mittelmeer während der Herbststürme: die Vorhölle. Nein, die Hölle. Auch die Blaue Grotte von Capri habe ich schon entweiht. Kurze, aber prägnante Anekdoten geben Hotelbetten mitten in der Einflugschneise des römischen Flughafens Fiumicino oder der Veitstanz wegen bissiger Sandfliegen her, sechs hartgekochte Eier auf einen Sitz als Hors d'oeuvre in einem afrikanischen Dorf, oder das brachiale Öffnen einer Heringsdose beim Camping mit einer Breitenwirkung, die deinen Klamotten für den Rest des Urlaubs ein einzigartiges Aroma verleiht.

Oder stundenlange Nachtwanderungen und Kletterpartien im Felsengebirge auf der griechischen Insel Kos, weil du dich ohne jeden noch so kleinen Anhaltspunkt heillos verirrt hast; aller Proviant ist verbraucht, und im Mondlicht schimmert, kopfüber im Baum hängend, ein Ziegenskelett ...

Petra hat ihre Haare fertig gefönt, wir brechen gleich auf und ich will den Brief nachher in Florenz einwerfen. Eine Frage drängt sich wohl noch auf: Sollte man im Sinne der Anekdotentheorie Gefahren, Katastrophen und Mißgeschicke gezielt herbeiführen? So weit würde ich wohl nicht gehen. Außer Zweifel steht aber, daß Reisen auch eine Art Angsttherapie ist. Unterwegs ergeben sich reichlich Gelegenheiten für den Stolz, etwas überwunden zu haben. Es gibt immer irgendeine Lösung, reg dich nicht auf, du kommst aus dem Schlamassel schon wieder raus. »Reisen bildet« eben – auch Gelassenheit.

Ich komm schon zurecht

Eine Einführung in die Reisegruppendynamik

Mensch, Martin, komm, sei nicht mehr böse, wir vertragen uns wieder! Ich gebe ja zu, daß ich übertrieben habe mit meinem Gefauche vorgestern nacht. Es waren so schöne Tage in unserem witzigen Hotel gleich neben dem Canaletto, und wieviel Neues habe ich in Venedig gesehen: Tizians »Assunta« in der Frari-Kirche, die Scuola di San Rocco, das Guggenheim-Museum, alles klingt vielfältig nach. Auch die schöne, verlangsamte, glasklare Winterstimmung in der Stadt. Nicht zu vergessen das Fischlokal in der Lagune – ohne Dich hätten wir »Il Pescatore« nie entdeckt! Ich muß sofort wieder japsen, wenn ich an die Gebirge von Hummer, Stabmuscheln, Fischravioli und gebackenen Sardinen zurückdenke, und an das unerbittliche Kommando des Wirts: »Nicht reden. Aufessen.« Zu blöd, daß dann der letzte Abend entglitt. Aber bei mir hatte sich das Klima ehrlich gesagt den ganzen Tag über schon gruppenreisenallergisch aufgeladen.

Zum Beispiel kann ich es nicht leiden, wenn morgens, bevor der Tag richtig losgeht, bereits die Bremse angezogen wird: Wenn zum Frühstück statt wie verabredet um halb zehn, die Hälfte der Leute erst gegen elf erscheint. Anschließend stundenlanges Debattieren des Tagesprogramms, so zäh wie eine Talkshow mit Sabine Christiansen. Sind endlich alle zum Aufbruch bereit, muß garantiert irgendeiner noch schnell aufs Klo. Anschließend ein anderer bereits nach ein paar Metern wieder zurück, um seinen Schirm zu holen. Dann der erste Kirchenrundgang, voller Tatendrang soll es weitergehen – aber wo sind Erwin und Verena? Verschollen. Einfach weg. Zwei von uns schwärmen aus, in die Taufkappelle, in die Krypta, in die Nebenstraßen. Da kommen die beiden ganz gemütlich herbeischarwenzelt: »Dahinten gibt es eine niedliche kleine Bar!« Von wegen Tatendrang: Der erste Früh-Frühstücker hat jetzt wieder Hunger, was einen neuen Entscheidungsprozeß nach sich zieht. Ich habe gar nicht gewußt, wie viele Heuchelfloskeln und Scheinargumente es für »das mag ich nicht« gibt: »Also, da gibt es bestimmt keinen Parkplatz.« – »Meint ihr nicht, das wäre ein bißchen zu weit?« – »Um die Mittagszeit soll man aber nicht so fett essen ...« Adrenalin! Adrenalin! Ich will Dich nicht langweilen, Du warst dabei – bis abends hatte sich jedenfalls bei mir schon einiges angestaut. Als uns dann nach dem Essen mitten in der Nacht unser Blondi mit sturer Ignoranz und der Grappa-Flasche in der Hand darauf bestehend, daß er den Weg kenne, dreimal über Treppchen und Brückchen im Kreis um den Markusplatz herumführte, besser: herumirren ließ – da war die Anzeige meines Geduldspegels bereits am Anschlag. Überdruck hast schließlich Du provoziert: Also entschuldige bitte, aber ich finde es auch weiterhin unmöglich, zwei in der Tat unprofessionelle, aber arme und ahnungslose Kellner, die nachts um zwei ihre Ruhe haben und die Bar schließen wollen, erst subtilem Psychoterror auszusetzen und dann auch noch vollkommen enthemmt als »verdammte Spießer« und »Idioten!« anzubrüllen. Das war mir so so abgrundtief peinlich! Ich mache uns einen Kompromißvorschlag: Du kriegst promillebedingt mildernde Umstände. Und ich gehe vor Dir in die Knie: Asche auf mein Haupt, halb so hysterisch zurückblaffen hätte auch gereicht; schließlich kenne ich Dich lange genug, um Deine Ausbrüche einschätzen zu können. Bitte, laß uns bald wieder fahren ...! Außerdem habe ich, weiß Gott, schon ganz andere gruppendynamische Probleme erlebt.

Nur mit Qualen denke ich etwa an Gretes regelmäßig nach zwei Tagen auftauchenden repressiven Kopfschmerz zurück, mit dem sie damals auf La Palma, ach was, bei jeder einzelnen Reise dem armen Uwe und uns systematisch den Spaß versaut hat ... Dieses Augenrollen, dieses mild geschmerzte: »Geht ihr nur, ich komm' schon zurecht.« Aber nein, Grete, wir *müssen* natürlich nicht an den menschenleeren, wilden Traumstränden schwimmen gehen, auch auf das einzigartige Naturerlebnis, die Calderaschlucht hinaufzuwandern, verzichten wir herzlich gern; wir können es uns doch auf dem Zementbalkon dieser scheißengen Ferienwohnung gemütlich machen und uns deine penetrante, sorgfältig kultivierte Leidensmiene reinziehen. Beim gemeinsamen Reisen lernt man sich verdammt genau kennen: Mensch, Uwe, schick die Frau auf den Mond, dann werdet ihr beide gesund! Immer öfter sauste mir der Name dieses italienischen Nudelgerichts durchs Hirn, »strangula preti«, »gewürgte Pfarrer«: Strangula Greti!

Nett ist auch gemeinsamer Urlaub mit Geizhälsen. Meist sind es die Bestverdiener, die auf gemeinsamer Reisekasse bestehen und jeden Abend vor dem Schlafengehen sorgfältig Abrechnung machen, im billigsten, gräßlichsten Albergo in town. »Ich finde, Pellegrino brauchen wir nicht, Wasser kann man doch sehr gut auch aus der Leitung nehmen!« Oder: »Den Rotwein hast jetzt aber *du* für *dich* geholt, den zahlst du extra« – das war Rosemarie im O-Ton, die nicht nur eine ansehnliche Rente bezieht, sondern zwei – und ihre nächste Frage lautete sogleich: »Kann ich mal probieren?« Den ganzen Tag lang wanderte sie in Siena von einem Schaufenster zum anderen und quiekte in viel zu lautem Niederrheinisch: »Guck' mal, der schöne Schinken, dat Panforte, und guck mal die eleganten Schuhe!« Aber dann Interruptus: »Nääää, da geh ich nich' rein.« Nie wieder laß ich mich so kasteien.

Oder das Osterreiseangebot »Die Amalfitana unter Kochzwang« mit Paul und Ulla. Bereits morgens, mitten im opulenten Frühstück mit Eiern und selbstgemachten scharfen Saucen, pflegte das heftig sublimierende Paar mit manischem Eifer die Einkaufsliste fürs Mittagessen durchzugehen. Da können wir doch erst ein bißchen Chicorée überbacken, danach gibt es den Rest Coniglio von gestern, und dann macht Sabine ihre berühmte Mousse von frischen Feigen. Kaum hast du nach diesem Menu schwer atmend den Löffel abgegeben, geht die Abendplanung los. Paul und Ulla gehören nämlich nicht zu diesen deutschen Schnitzelfressern, verstehst Du; die haben sich vor der Abreise zielstrebig noch die Koch-

bücher ›Pasta napoletana‹ und ›La cucina originale del Cilento‹ besorgt, denen macht so schnell kein Italiener was vor. Die Tempel von Paestum, der Vesuv, Zitronenhaine, spektakuläre Steilküsten und Herculaneum nehmen wir im Schweinsgalopp oder verschieben sie, denn: »Jetzt müssen wir dann aber allmählich zurück, so ein Fischsud, der dauert.« Paul, du nervst. Unterwegs nervt Paul weiter, alle paar Minuten müssen wir rechts ran: »Laß mich doch nochmal gucken, ob der Alimentari da drüben nicht doch Safran hat!« Nach ein paar Tagen war es den beiden tatsächlich gelungen, auch mich nur noch aufs Essen zu fixieren: Nicht mehr vom Dom in Amalfi, der Villa des Axel Munthe oder von den attraktiven, gut gekleideten Neapolitanern träumte ich, sondern von hundsmiserabel ordinären Trattorien mit ordentlich tomatensaucenversifften karierten Tischtüchern, wo es ein einziges, in Öl schwimmendes Pastagericht gibt.

Am schwersten aber sind Sicherheitsfetischisten zu ertragen, sehr viel schwerer noch, liebster Martin, als Chaoten wie Du. Leider muß ich sagen, daß es nach meinen privaten Studien mehrheitlich Männer sind, die sich, aus ihrer gewohnten Umgebung gerissen, irgendwie auflösen. Mein dahingehendes Schlüsselerlebnis war kürzlich die zweiwöchige Reise mit einem Filmteam durch die USA: Ich war vorausgeflogen und holte die Jungs arglos am Flughafen in Atlanta ab. Beim Einsteigen in unseren Leihwagen indes bekamen Kamera- und Tonmann ihr erstes Near-Ohnmachts-Erlebnis: »Ja Wahnsinn, wieso bist du denn nicht zu Avis oder Hertz!« Dabei hatte ich bei der Firma »Rent a wreck« einen todschicken himmelblauen Fünfziger-Jahre-Cadillac, einen geräumigen, komplett restaurierten alten Wüstenschlitten, organisiert. Und »Miete ein Wrack« klingt doch angemessen, fand ich, um unser trauriges öffentlich-rechtliches Budget stets besorgt.

Die weitgereisten, beinharten Dokumentarfilmer-Burschen aber zitterten nur so. Und genau das entpuppte sich im Laufe der Zeit als ihr grundlegender Zug: Obwohl ich alles, aber auch alles fest geplant und die entsprechenden schriftlichen Bestätigungen ordentlich abgeheftet stets dabei hatte, kamen 14 Tage lang bei jeder neuen Reiseetappe aus zitternden Mündern Fragen: »Kannst du nicht doch nochmal bei Delta anrufen?« – »Klappt das denn wirklich heute mit dem Hotel?« Mit Abstand am schlimmsten war der Tonmann, ein Veganer: Dreimal am Tag brach er, und wenn es mitten im Interview war, in panische Unruhe aus; wir müßten jetzt allmählich schauen, wo es ein geeignetes Lokal für seine Diät gäbe. Dort türmte er sich dann solche Mengen an Vor-, Haupt- und Nebenspeisen auf, wovon er aber höchstens die Hälfte aß, daß alle Rent-a-wreck-Ersparnisse bald neutralisiert waren, und packte außerdem noch seine Taschen bis zum Anschlag voll mit Kompromiß-Prophylaxe: Fruchtschnitten, Müsli-Cräckern und anderen Kompakt-Lebensmitteln. Überhaupt, was die mit sich herumtrugen: Handies, Schweizer Messer, Batterien, jedes elektronische Gerät und jede Kreditkarte doppelt, Versicherungspolicen satt, -zig Landkarten in verschiedenen Auflösungen, mit deren Hilfe die beiden ihre natürlich ganz verschiedenen,

jeweils speziell optimierten Fahrtrouten für die bestens beschilderten Highways entwarfen. Im Wagen Bombenstimmung.

Zum Glück war ich bestens vorbereitet und konnte die Anspannung halbwegs gelassen ertragen: Kurz vor unserer Abreise hatte ich Helke Sanders Kurzgeschichte ›Ausflug mit einem UFO‹ gelesen, jene detailgenaue, sehr komische Beschreibung einer Gebirgswanderung, die Frau K. und Heinz S. unternehmen. Auch da ist es der Mann, der sich an Hüttenplänen, Wetterkarten, Gaskartuschen, Töpfen zum Abkochen, einem ausgearbeiteten Zeitplan und kiloweise Proviant in einem viel zu schweren Rucksack festhält – während dieser ganze Vorsorgeaufwand der Frau zwar »für höhergelegene Gebiete« durchaus vernünftig erscheint, aber doch nicht auf diesem geräumigen Wanderweg, von dem aus man jederzeit problemlos die nächste Straßenkreuzung erreicht. Natürlich sind Heinzens Karten prompt veraltet und ungenau, und gerade die Hütten, in denen er übernachten will, leider in diesem Sommer nicht bewirtschaftet, wodurch er vollständig aus dem Gleichgewicht gerät: »Dann bückte er sich wieder tief ins Gras, um unauffällig zu bleiben, und schluckte eine Pille.« Frau K. aber fühle ich mich sehr nahe: »Bis jetzt hatte noch nichts geklappt, trotz aller Vorsorge, und das versetzte sie geradezu in Entzücken.« Ich weiß nicht, was sie anficht, die Jäger, Sammler und Eroberer: Selbst Experten der Technischen Zusammenarbeit mit Südostasien- und *outback*-Erfahrung oder Leutnants der Reserve ruckeln nervös und nervöser auf ihren Autositzen, wenn in der Dordogne oder in den weiten Wäldern Vermonts gegen halb acht Uhr abends noch immer kein Hotellichtlein scheint. Eilfertig nesteln sie an der Grenze und im Flughafen ihren Paß heraus und fauchen dich an, wenn du zu faul dazu bist und vertrauensvoll sagst: Mal abwarten, vielleicht will er ihn doch gar nicht sehen. Unvorhergesehenes darf auf keinen Fall geschehen: Letzte Woche fiel ein Flugzeug von München nach Hamburg aus, ein Motorschaden, für alle wurden überaus fürsorglich auf der Stelle Plätze für den nächsten Flug eine Stunde später reserviert. Doch die Herren, nur sie, verloren schlagartig die Contenance, schimpften »Saftladen!« und drängelten und schubsten in der Warteschlange: Kontrollverlust, Schock, schwere Not. Der Mann muß hinaus? Wenn ich mich umschaue, drängt längst viel leidenschaftlicher die Frau. Und zwar sehr gerne auch ohne ihn. Ganz allein.

Natürlich gibt es Männer, mit denen man immer wieder losfahren will, weil auch sie es genießen, nicht schon für die folgenden drei Wochen im Vorhinein zu wissen, wo man jeweils abends schläft; sollen doch die Ampeln im Kreisverkehr entscheiden, ob wir nach Norden oder Süden abbiegen, in die Normandie oder in die Provence! Meiner ist zudem schon allein wegen seines Wissensfundus auf Reisen unersetzlich – davon hast Du ja in Venedig auch genossen. Es ist auch sehr amüsant, wenn er an unserem Lieblingserholungsort am endlosen französischen Atlantikstrand ganztägige Meeresbulletins referiert: Wie sich die Wellen verändern und die gefährlichen Strömungen, daß schon wieder ein Surfer

die Risiken unterschätzt hat, über welche unglaublichen Muskeln der Bademeister verfügt, daß eine Brise aufgekommen ist, die dem Meer blitzweiße Schaumkronen aufsetzt, wo man deshalb nicht mehr baden darf, wer sich trotzdem noch traut, daß die weißen Wolken am Horizont Gewitter bedeuten und die Wellen auch schon ein wenig höher als gerade noch schlagen und bald sicher unbezwingbar sein werden ... Er redet und redet, ich liege im Sand, höre die Brandung, mit geschlossenen Augen, und kann trotzdem alles sehen. Aber ungefähr gleich schön ist es, wenn mal überhaupt keiner was sagt. Ruhe, endlich Ruhe. Kein Mann, kein Telefon, keine Kollegen, keine Familie, keine Wohngemeinschaft, in der alle sehr kontaktfreudig ständig Besuch haben; keine Entscheidungsdebatten, kein Wandern, wenn man schwimmen, und kein Hotelzimmerfernsehen, wenn man schlafen will. Allein aufstehen, allein spazierengehen, allein am Pool liegen und den ganzen langen Tag lang ungestört lesen, lesen, lesen. Warum sitzt die denn allein, denken die Leute, mit der will wohl keiner? Mir doch wurscht. Nur gutes Essen macht allein und mit Buch daneben überhaupt keinen Spaß.

Andererseits lernt man vielleicht und viel leichter andere Reisende kennen und kann unverhofft Neues über das britische Schulsystem, die Musik des Jemen oder das Produzieren von Trickfilmen erfahren. Im Gegenzug erfindet man sich gleichzeitig selber mit einem gekürzten oder in den vorzeigbareren Passagen etwas ausgebauten Lebenslauf und mit Meinungs-Testballons ganz neu und erprobt, wie der andere (den oder die treffe ich sowieso nie wieder) darauf reagiert. Allein schwenkt man spontan auf die Bahnen der Reisebekanntschaft ein: Warum nicht, statt noch länger in San Francisco zu bleiben, in Jos offenem Cabrio die ganze Küstenstraße mit ihm runter nach Los Angeles fahren? Nie vergesse ich unsere ungeplante Übernachtung in einem abgeblätterten, räudigen Highway-Motel, das direkt neben einem riesigen Supermarkt lag. Wir hielten nur an, weil im Autoradio die »Monty-Python-Flying-Circus-Fundraising-Night« des lokalen Fernsehsenders angekündigt worden war, die wollten wir beide aber unbedingt sehen. Und so saßen zwei einander Wildfremde zufrieden wie dicke Kinder mit Kartoffelchip- und Erdnußfliptüten auf den Knien im *Two-single-beds-double* mit Zwischentür und sahen eine Monty-Python-Fernsehshow nach der anderen, bis uns der Bauch vor Lachen beinahe platzte. Am nächsten Tag trennten sich unsere Wege.

Allein ist der Stolz größer, wenn man sich etwas getraut hat: die schwarze Piste fahren, durch Harlem bummeln, dem blöden Hotelbesitzer, der auch nach drei Tagen die Zimmerheizung nicht repariert hat, die Meinung so heftig geigen, daß der einen anschließend behandelt wie eine Diva. Allein ist das Erleben tiefer: Keiner ruiniert die Schönheit eines Sonnenuntergangs mit tödlich banalen Sätzen. Niemand muß unbedingt den Sturm auf Kreta mit nervtötendem Herumgewirbel photographieren. Das große Denkmal für den Revolutionär Amilcar Cabral, das symbolhaft vollständig vom Dschungel überwuchert war, gehörte nur mir. Keiner

mischte sich in mein Zwiegespräch mit dem Großen Buddha von Kamakura, den ich, zu Fuß, analphabetisch und ohne Stadtplan durch das japanische Städtchen nahe Tokio irrend, nach Stunden unverhofft im goldenen Dämmerlicht fand. »Wer wirklich über sich Klarheit gewinnen will«, schreibt Günter Metken, »tue es auf Reisen.« Und allein unternehme ich mehr: stelle dem nächstbesten Fragen, gehe ins Theater, ins Museum, ins Kino, in das bekannteste Café der Stadt, zu einer gerade heute angesetzten großen Massendemonstration.

Schon, um nicht immer allein zu sein. Denn irgendwann kommen doch die »parterren Gemütsverfassungen« auf, wie Renate Just das nennt: Wenn man sich nirgendwo zugehörig und daher in einem »fühllosen Zustand zwischen gar nicht vorhanden und überall im Wege« empfindet; wenn das Alleinsein sich verwandelt in Einsamkeit. Niemand ist da, dem ich im Überschwang meinen Tag erzählen kann: »Ohne Hoffnung, seine Eindrücke und Erlebnisse mitteilen zu dürfen, würde niemand über das Meer fahren«, sagt Blaise Pascal. Wie sehr weiß man dann wieder die anderen zu würdigen: den Mann, die Kollegen, die Familie. So ist, alleine zu reisen, auch eine Strategie, um die im Alltag verblassende Wertschätzung füreinander zu reanimieren. Ach, wenn doch ... Allein unterwegs, lieber Martin, kommt sogar die Sehnsucht nach vergnüglichen Reisen in Gruppen wieder auf. Und nach Dir sowieso.

Die Leichtigkeit des Seins

Vom Leben aus dem Koffer

Tja, liebe Inge, jetzt ist es doch einmal passiert. Mußte ja irgendwann kommen, nach zwei Jahrzehnten unerschütterlicher Unverwundbarkeitsgefühle. Während alle anderen, einschließlich Dir, stets mit Eifer ihre Vorkehrungen trafen – Versicherungen abschlossen, Schlösser und Innenfutter anbrachten – habe ich nur gelacht: »Euch würde ich auch beklauen, ihr Reisespießer!« Habe mich lustig gemacht über Euch, meine neurotischen Freunde, für Euer kleinkariertes, überhebliches deutsches Brustbeutel-Mißtrauen – während ich selber sogar durch die Gäßchen von Palermo oder an den Basketball-Courts von Harlem ohne Arg und ohne »Opfer-Aura« vorbeilief, Handtäschchen auf, Handtäschchen zu. Gestern nacht aber haben sie mir in einem unbeobachteten Augenblick meinen Rucksack gestohlen. Mitten in einer Kneipe in der Berliner Meineckestraße, direkt vor meiner Nase. Eins zu Null für Dich, für Euch Propheten alle. Es war alles drin: Terminkalender, Geld, Paß, Bahn-, Scheck-, Euro-, Krankenversicherungs- und was es sonst noch für Karten gibt. Da stehst du dann morgens um drei auf dem Ku'damm, und plötzlich gibt es dich nicht mehr. Die Polizisten vom Bahnhof Zoo behandeln den Fall mit etwa dem gleichen Aufmerksamkeitsgrad, mit dem sie ihre Zähne putzen. Reiner Zufall, daß ich wenigstens den Wohnungsschlüssel in

der Manteltasche trug! Wer kann mir in den nächsten Tage Geld leihen? Welche Termine darf ich nicht verschwitzen; kriege ich sie aus dem Kopf je wieder zusammen? Was hatte ich sonst noch dabei? Etwa die ganzen Rechercheunterlagen, eine Arbeit von drei Monaten? Es sauste und brauste schwindelerregend durch mein Hirn und irgendwie auch durch meine zitternden Knie.

Aber, liebe ordentliche Inge, trotzig darf ich sagen: nicht lange, keep cool und Kismet. Wie Du weißt, ist mein Verhältnis zu Sachen insgesamt nicht sehr haptisch – eine Looserin war ich schon immer, und Vergesserin noch dazu, die das Abhandenkommen von Dingen auch ohne Diebe selbst erledigen kann. Entsprechend routiniert bin ich aber darin, mich nach den kleinen Schrecken wieder zu berappeln, sie ins rechte Maß zu rücken und alles schnell wieder zu besorgen. Im Schlaf weiß ich, wo die richtige Abteilung des Fundbüros und wo das Paßamt liegt. Wie oft habe ich Scheckkarten sperren lassen, den Bankautomaten-Geheimcode gewechselt oder Texte im Computer wieder aufgespürt ... Nur keine Aufregung. Alles wird gut. Exemplarisch war gerade gestern die Zugfahrt hierher: Kaum saß ich auf meinem Platz, war auch schon die Fahrkarte verschwunden. Hektisches Armewerfen, vergebliches Durchwühlen aller Taschen, ich hatte sie doch gerade noch in der Hand! Phase zwei: in Ruhe den Ablauf rekonstruieren. Systematisch lief ich den ganzen Weg durch die Wagons noch einmal ab, erst zurück in jenes Abteil, das ich verworfen hatte, dann in die Zug-Telefonzelle, die Toilette – auf deren Seifenablage ich zwar keine Fahrkarte entdeckte, dafür aber meinen bisher noch gar nicht vermißten silbernen Ring. Das Ticket mußte ich neu kaufen; zu dumm, heute früh habe ich das gesuchte wiedergefunden, zwischen Zeitungen eingeklemmt. Die Kosten meiner Schusseligkeit auf Reisen sind in der Tat das große Problem: Allein für die doppelt und fünffach gekauften Strumpfhosen (weil nur eine schwarze zum Rock paßt, aber eingesteckt habe ich eine braune), für Secondhand-Abendkleider und schnelle Ohrclips (wer konnte denn ahnen, daß Matthias eine Karte fürs Deutsche Theater kriegen würde), für olivgrüne Regenmäntel (niagara-artige Regenfälle und zehn Grad Kälte im Juli mitten in Mailand) und für vergessene Zahnbürsten, Nagelclipser, Haarföns, Antihistaminika undundund, die ich an Tankstellen und in Bahnhofsdrogerien erstehe. Doch ich habe beschlossen, dies alles fatalistisch hinzunehmen und als stetes, das Selbstbewußtsein förderndes Training für die Improvisationsfähigkeit zu betrachten. Die armen Versicherer und Vorsorger unter meinen Freunden stehen zwar bei Verlusten aller Art jedesmal kurz vor dem Infarkt; so wie Du neulich in Österreich, als das Portemonnaie weg war (das sich dann doch in der Seitentasche der Autotür wiederfand). Ich aber weiß mittlerweile genau: Irgendwo läßt sich sogar an Wochenenden das Geburtstagsgeschenkbuch für den Abend wieder auftreiben, das auf unerklärliche Weise verschwand. Oder ein Ersatzpaß – was war das für ein reizender Polizeibeamter in London-Heathrow! Oder die Kaufbestätigung vom Reisebüro in Paris, als ich mein Air-France-Ticket auf dem Taxirücksitz liegengelassen

hatte. Stolz präsentierte ich das Papier von Hapag Lloyd am Schalter, doch das Bodenpersonal winkte ab: »Hier ist doch Ihr Ticket – der Taxifahrer war gerade hier.«

Auch diese glückliche Erfahrung, daß der Mensch nicht ausschließlich schlecht ist, beschert mir meine Fahrigkeit nämlich immer wieder. Ein anderer Taxifahrer aus Tschechien brachte mir einmal meine in seinem Wagen gefundene Brieftasche bis an die Wohnungstür. »Verzeihung«, entschuldigte ich mich bei ihm, »ich bin leider eine alte Schlampe.« Er anwortete mit wundervollem Trost: »Sie haben nur einen schwebenden Charakter.«

Dieser schreckliche Augenblick der Erkenntnis: »Hast *du* die Tasche?« – »O Gott, ich dachte, *du* ... « Da standen wir achtzehnjährigen Tramper an der Autobahn irgendwo zwischen Auckland und Wellington und konnten Meter für Meter verfolgen, wie mit dem Lastwagen, aus dem wir gerade geklettert waren, ausnahmslos sämtliche Papiere und alle Reiseschecks mit 120 Stundenkilometern entschwanden. Nackt am anderen Ende der Welt. Wir sahen uns als Tellerwäscher. Doch dann schien der schwarze Punkt am Horizont nicht mehr kleiner zu werden, ein viel kleinerer schwarzer Punkt bewegte sich aus dem Punkt, der der Truck war, heraus und wieder hinein, Micha sprintete mit nie zuvor erreichter, gazellenhafter Geschwindigkeit die Autobahn entlang – und fand unsere Tasche tatsächlich aufgehängt an einer Leitplanke! Nicht mal Finderlohn konnten wir dem Fahrer geben.

Oder habe ich Dir je die Rom-Geschichte aus meinem schier unerschöpflichen Verliererfundus erzählt? Auf dem Flughafen Fiumicino bereits in der Maschine sitzend, will ich etwas im Terminkalender notieren – doch wo ist der, und wo der Stift? Schweißausbruch: in der Handtasche; aber wo ist die? Und das ausgerechnet in einem Mekka professioneller Halunken. Ich errötete vor mir selbst. Drängelte mich mit einem Restfunken Hoffnung aus Reihe 23 ganz hinten zur Stewardeß vor. Sie bestellt einen Wagen, der mich nochmal zum Flughafengebäude bringt. Bettelnder Blick tief ins Auge der Alitalia-Dame im Warteraum – die mir lachend erklärt, daß das Corpus delicti tatsächlich gefunden und soeben aufs Rollfeld gebracht worden sei. Ich wieder zurück. Die Gangway hinauf. »Ach, *Sie* waren das!«, zischt am Eingang eine andere Stewardeß, »wir haben hier gerade eine Handtasche herumgezeigt, aber niemand hat sich gemeldet« – klar, ich war ja nicht da – »und da haben wir sie wieder zurückgeschickt.« Das Ding ging noch mehrmals hin und her, und voller Stolz kann ich sagen, daß an diesem Tag der Flug Rom – München meinetwegen mit 35 Minuten Verspätung auf die Startbahn rollte. Auf dem endlos langen Rückweg durch ein Meer giftiger Blicke empfand ich allerdings gesenkten Hauptes noch keinen solchen Triumph.

Psychoanalytiker hätten vermutlich ihre helle Freude an meinen instabilen Objektbeziehungen und würden heillose Haltlosigkeit und innere Unbehaustheit daran ablesen; wobei ich betone, daß ich mich bemühe, mit menschlichen Objekten pfleglicher umzugehen. Immerhin, ein Mitglied der Psychozunft hat die Symbolik des Verstreuens sehr viel freundlicher interpretiert: Ich sei

nun mal eine ewig Suchende, die gar nicht finden *wolle*; eine aktive Seele, die sich möglichst wenig einbinden läßt. Dazu paßt auch Michael Balints Unterscheidung der Persönlichkeiten in eher »Oknophile« und »Philobate«, bei der ich mich durch letzteren durchaus zutreffend (beinahe *zu* treffend) angesprochen fühle: Neigen die Oknophilen dazu, sich fest und unverbrüchlich an einzelne Objekte (gemeint sind Gefährten, aber sinnbildlich auch Orte oder Sachen) zu klammern, oft abhängig und für deren Eigenleben blind, so fühlt sich der »Philobat« am sichersten ohne zuviel An-Bindung in »freundlichen Weiten«: »Vorausgesetzt, daß die Elemente nicht gar zu ungnädig sind«, schreibt Balint, »also z. B. gerade kein Sturm wütet, ist der Pilot in der Höhe sicher, genauso der Seemann auf hoher See, der Skifahrer am Hang, der Fahrer auf freier Bahn, der Fallschirmspringer in der Luft.« Als gefährlich empfinde es dieser Typus erst, »wenn ein Objekt auftaucht, mit dem man sich auseinandersetzen muß ... Wir können deshalb sagen, daß die philobatische Welt aus freundlichen Weiten besteht, die mehr oder weniger dicht mit gefährlichen und unvorhersehbaren Objekten durchsetzt sind.« Diese Objekte werden zwar freundlich begrüßt, doch schon bald stehen sie im Weg: Selbst zu Hause fühle ich mich manchmal von Möbeln, Kleidern und Büchern regelrecht umzingelt und empfinde es eher als lästige Konvention denn als heimelig stimmendes Vergnügen, sie stetig zu pflegen, zu erneuern, hübsch zu arrangieren. Während ich unterwegs alles los bin und im Wortsinn unbeschwert. Die Leichtigkeit des

Seins: Ballast abwerfen, damit der Ballon aufsteigen kann.

Vermutlich wohne ich auch deshalb gerne in den Behausungen anderer Leute. Deren Einrichtung will nichts von mir. Du hast mir neulich aus der Zeit nach der Wende von ganz ähnlichen Befreiungsgefühlen erzählt, als Du wochenlang bei Bekannten in der Nähe des Alexanderplatzes untergebracht warst. Nicht wahr, auch in fremden Wohnungen taucht man in mögliche Optionen und ungelebte Seiten des eigenen Ichs: Wie fühlt es sich an, in doppelt so viel Räumen wie daheim oder im Gegenteil einem einzigen, winzigen Zimmer, oder in lieblos funktionalen, halb leerstehenden Absteigen zu leben? Einmal war ich ein paar Wochen lang von so vielen Büchern umgeben, daß ich, ausgerechnet ich, mich in ein vollkommen häusliches Wesen verwandelte, eine Untertaucherin, die bar jeden Heimwehs nach den eigenen vier Wänden den Wunsch hegte, möglichst den ganzen Winter über einzuschneien. Bei einer anderen Untermiete versetzte mich der tägliche Umgang mit vielen überhaupt nicht zueinander passenden, aber liebevoll ausgewählten, sprechenden Küchengegenständen von überallher – mit chinesischen Porzellankannen, französisch-bäuerlichen Großmutterhumpen, zitronengelben Früchteschalen und elegant geblümten Mokkatäßchen – in melancholische, beinahe zärtliche Identifikation mit diesem ganz fremden, nur in meiner Phantasie erstandenen Leben. Es wird ein Teil von mir, wie beim Schauspieler die Rolle. An mein eigenes erinnert nur die alte Reisetasche, die neben dem Bett oder in irgendeiner Ecke steht.

Zeige mir, wie du packst, und ich sage dir, wer du bist: Es gibt Leute, die fertigen Listen an und haken dann systematisch ab, für und gegen alle Eventualitäten gefeit: Unterhosen in abgezählten Tagesrationen; Kleider für gutes und schlechtes Wetter und für den Theaterabend; Knirps und Regenhaut, Briefpapier nebst Adressenausdruck, an wen zu schreiben sei; Lieblingskekse, Süßstoffvorräte, Reisebügeleisen und Reisenackenkissen, Medizin zum vorbeugenden Schutz und akuten Behelf für alle Organe. Behutsam wird jedes Mitnehmsel in der Mitte gefaltet, in Plastiksäckchen, Kulturbeutelchen und Ledermäppchen untergebracht und so arrangiert, daß nichts drückt, ruckelt oder rutscht. Die Zeremonie endet mit Schonüberziehern für die kostbaren, beständigen Lederkoffer. Zu diesen Leuten gehöre ich nicht.

Manchmal, wenn ich viel Zeit habe, lege ich zwar Tage vor der Reise ein Kleid aus der Reinigung oder ein Buch, das ich mitnehmen will, auf die Seite. Weil mich das einschwingt, und zudem erinnert an Urlaubsrituale daheim: Wie haben wir es im Sommer als Kinder geliebt, jeden Tag die von der Mutter mit großer Sorgfalt zusammengestellten stetig wachsenden Bikini-, Strandspielzeug- und Kohletablettenstapel auf dem Gästebett zu besuchen! Weil sie die materialisierte Vorfreude waren. »Dextro-Energen« zum Beispiel, das es das ganze Jahr über niemals gab, wird mich bis ans Ende meiner Tage mit Reisefieber infizieren. Doch in den meisten Fällen werfe ich heute, von der Gegenwart im guten wie schlechten gefesselt, frühestens zwanzig Minuten vor der Abreise schwungvoll, mit dröhnender Musikuntermalung und einer Mischung aus guter Laune, höchster Konzentration, Wahllosigkeit und Routine so wenig Sachen wie nötig für so viele Optionen wie möglich in meine Reisetasche.

Kaum habe ich das Haus verlassen, hat sie dann einen Namen: »Heimat«. Auch wenn das der bisher beschriebenen Gleichgültigkeit zu widersprechen scheint. Ihre Fächer und Winkel aber kenne ich wie die Straßen, in denen ich aufwuchs. Blind, mit dem vegetativen Nervensystem. Und in dieser strapazierten, mit jeder Reise ein wenig mehr abgewetzten, die vorgeschriebene Kilozahl für Fluggepäck nie überschreitenden, jederzeit überallhin transportierbaren, wirklich geliebten, weil niemals klammernden, allzeit zum Aufbruch bereiten Heimat fühle ich mich wirklich zu Haus. So wie der Bruder Lustig in Grimms Märchen: Dieser listige Lump wurde von Petrus an der großen Pforte nicht durchgelassen, kam aber schließlich, weil er sich in seinen Zaubertornister, den Petrus hinter die Tür gehängt hatte, hineinwünschte, doch noch in den Himmel.

Ich schmutze
Über CO_2 und den Preis der Freiheit

Liebe Hannah, beim Spaziergang an der Themse kam ich gerade an der zugigen Wohnung Deines Freundes vorbei, die wir vor Jahren für ein paar Tage kapern durften – da mußte ich natürlich an Dich denken: Was war es für ein herrlicher Anblick, als Du unter lautem Quietschen des Drahtgestells zusammen mit dem Bett auf den Boden gekracht bist! Und weißt Du noch, wie morgens der Heißwasserboiler beinahe in die Luft flog? So also leben hochwürdige Ministerialbeamte eines Ex-Empire. Das war ja noch vor Tony Blair; jetzt boomt London, und seit gestern drängle ich ein wenig im Geschiebe und Gerenne mit. Kurzentschlossen habe ich mich für harte Arbeitswochen damit belohnt, Freunde und die »Sensations«-Ausstellung junger britischer Künstler zu besuchen und im bilderbuchartig geschmückten Weihnachts-London Geschenke zu kaufen. Übers Wochenende, 299 Mark hin und zurück. Jetzt ist es so gegen sechs, ich sitze mit heißgelaufenen Füßen an der Bar des Hotels mit dem schönen Namen »White House« und muß Dir von jenem seelischen Kater erzählen, der in regelmäßigen Abständen wohl jeden Passionierten ereilt.

Manchmal wälzt man sich dann sogar nachts in Gedanken über die schlimmen Folgen des eigenen Tuns. Nicht genug damit, daß die Leidenschaft neben dem Immer-wieder-in-ihr-Aufgehen auch die Nachtseite ewigen An-ihr-Vergehens in sich trägt. Es kommt dazu, daß man auch andere mit seinen Wünschen nervt, quält, ihnen schadet. Passionierte Männersammlerinnen zum Beispiel bekommen in solchen Momenten Schuldgefühle: Wie können sie den einen, den treuen eigenen Mann immer wieder hintergehen – und umgekehrt die vielen anderen mit ihm? Süßigkeitenliebhaber blicken an sich herunter und machen sich Vorwürfe: Was biete ich für einen unmäßig auseinandergeflossenen Anblick. Und die allermeisten Passionierten, gleich ob Pferde-, Auto- oder Kakteenliebhaber, müssen sich rücksichtslose Vernachlässigung ihrer Mitmenschen vorwerfen. Das gilt für uns Reisende besonders; sind wir doch so gut wie nie daheim. Folglich schimpft mein Über-Ich schon seit Stunden mit mir: Ich hätte mein Wochenende schließlich statt mit Fay und den Mustards auch mit der Familie verbringen können (oder einfach mal wieder die Wohnung aufräumen)! Ein Vorwurf übrigens, den außer mir niemand erhebt: Voller Dankbarkeit kann ich sagen, daß die engsten Vertrauten, Du eingeschlossen, meine notorische Abwesenheit freundschaftlich ertragen. Ehrlich gesagt verdächtig geduldig, so daß ich mich schon frage, ob Ihr darüber etwa ganz froh seid?

Ebenso groß wie mein schlechtes Gewissen gegenüber den Menschen ist jedenfalls jenes gegenüber der Mensch*heit.* Denn: Ich schmutze. Ich umweltverschmutze – indem ich einer Berufs-, Besuchs-, Freizeit- und Urlaubspraxis huldige, in welcher, wie Renate Just schreibt, »gehektet, gejettet, gedampft und gedüst wird –

reizabhängig, aufwendig, verbrauchsintensiv, als knarzten nicht schon allenthalben die Ächz- und Stöhngeräusche am dicken Ende des Fortschritts«. Jawohl, ich bin eine zerstörerische Öko-Sau. Eine Energieverschwenderin. Hinter mir her ziehe ich unermeßliche Kohlendioxidschwaden.

An die Folgen unserer Mobilitätsmanie haben wir uns – paradoxerweise, je mehr sie sich zuspitzen, desto mehr – längst gewöhnt: Höchstens noch an der Oberfläche nehmen die meisten Menschen die alle Jahre wieder aktualisierten Daten über das keineswegs vergangene Siechen der Nadelbäume und Eichen zur Kenntnis. Und nur vor der jeweils neuen Klimakonferenz schrecken wir kurzfristig hoch: Hatte nicht der Verkehr mit der CO_2-Verseuchung der Atmosphäre irgendwie zu tun? Tatsächlich ist das brummende Gefahre und Gefliege nicht nur einer der größten, sondern ein noch wachsender Posten in der Treibhausgasbilanz: »Der motorisierte Individualverkehr und Flugverkehr sind die Gewinner bei den Verkehrsleistungen in den letzten Jahren«, heißt es lapidar unter den einschlägigen Zahlenkolonnen. Reisen ist für die Umwelt schlicht und ergreifend zu billig: Weil das verrückterweise das *günstigste* Angebot war, bin ich zum Beispiel schon mit dem Energieverbrauch von Tausenden von Kilometern Umweg via Moskau nach Westafrika geflogen! Blaise Pascal hatte schon recht, als er die schwarzen Aspekte unserer Horizonterweiterungen noch gar nicht kannte: »Alles Übel in der Welt kommt nur daher, daß der Mensch nicht ruhig in seinem Zimmer sitzen bleiben kann.«

So habe ich mit einigem Erschrecken bei meinem Late-Afternoon-Tea gerade errechnet, daß ich schon allein mit den Auslandsreisen eine private Reisebilanz von überschlägig pro Lebensjahr mindestens einmal um die Welt zusammenbringe, bei zweimal Lateinamerika, siebenmal USA, sechsmal Afrika, einmal Neuseeland und Australien, einmal Korea und Japan, 25mal Italien, ich weiß nicht wie oft Frankreich, und Griechenland, Israel, Türkei, Kanaren, Ukraine, Bulgarien, Georgien, Dänemark, Holland ... Das ist im Vergleich mit anderen Trappern und Touristen vermutlich gar nicht mal so außergewöhnlich viel. Denn, was die Sache schlimmer macht, wenn auch entlastend für mich: Ich bin nicht allein so mobil. Alle, alle wollen immer öfter immer weiter weg, der Tourismus ist die zweitgrößte Branche der Welt. First und last minute überbieten sich die Veranstalter angestrengt darin, noch das letztmögliche Kundenbedürfnis hervorzukitzeln: Im Strandhotel auf Sansibar kommt das Gemüse garantiert aus dem hauseigenen Ökogärtlein, im Winter bieten wir Ihnen eine Thalassotherapie auf Sumatra an. Und »ob Aurich, Buxtehude oder Münster – die Alpen sind für alle da«: Unter diesem Motto können Küstenbewohner morgens hin, abends zurück von Hamburg oder Bremen aus ihr Recht auf Skifahren einklagen. Dagegen ist Ballermann 6, der einmal im Jahr für drei Wochen Enthemmung nach Mallorca düst, ökologisch betrachtet geradezu ein Musterknabe.

»Wahrscheinlich der schlimmste -ismus« sei der Massentourismus, sagt der Schweizer Umweltschützer Prinz

Sadruddin Aga Khan. Und wie viele andere -ismen, schafft auch dieser seine eigenen Grundlagen ab: Der Ansturm der Fremden überschwemmt die wechselnden Regionen der Begierde so lange, bis deren kulturelle und ökologische Eigenheiten darunter verschwunden sind und keiner mehr hin will. Die Auto- und Flugabgase der Globetrotter zerstören die Ozonschicht, so daß man sich in manchen Urlaubsregionen wegen Hautkrebsgefahr kaum mehr in die heiß ersehnte Sonne legen kann. Oder das Alpenklima hat sich möglicherweise schon jetzt so sehr erwärmt, daß zu wenig Schnee zum Skifahren fällt. Absurd sind Flugreisen von 8000 Kilometern, um beim »Whale Petting« dem ökologischen Wappentier die Ehre zu erweisen. Es gibt auch schon Touren zur Inspektion des Waldsterbens. Ich selber werde am Münchner Flughafen immer daran erinnert, wie ich vor Jahren, um diesen zu verhindern, eine »Baumpatenschaft« im Erdinger Moos übernahm: Meine Birke von damals fiel dem Rollfeld zum Opfer, von dem ich jetzt immer starte.

Wenigstens besitze ich kein Auto. Ich reise mit Fahrrad, U-Bahn und Zug. Das macht übrigens nicht nur ökologisch was her, es ist auch viel bequemer und beugt wirkungsvoll Streß bei Staus, Reparaturen oder enervierender Parkplatzsucherei vor. Billiger ist es im Vergleich mit rund 500 bis 1000 Mark im Monat fürs Auto noch dazu. Selbst dann spare ich, wenn ich mir spätabends oder in Eile ein Taxi nehme – das weitere positive Nebeneffekte für sich verbuchen kann: Was habe ich, auf engem Raum mit Wildfremden, unterwegs schon für vielfältig amüsante, traurige, lehrreiche, absurde Lebensperspektiven erzählt bekommen! Ein Spieleerfinder schilderte seine Kreativitätsschübe in der Badewanne, ein Ungar mit Bauernhof in der Puszta berichtete von den neuesten Eskapaden seiner Ziege Hildegard. Mit einem Tschechen geriet ich so tief ins Philosophieren über den Sinn des Krankseins, daß wir wie Teenager noch eine halbe Stunde vor dem Haus im Wagen sitzen blieben, wo ich zum Essen eingeladen war – er mußte Verdienstausfall in Kauf nehmen, ich den Verlust der Vorspeise. Am nettesten aber war jener Kämpfer für die Entrechteten und Enterbten, der mir aus Protest gegen die Steuerbetrügereien der Konzerne einen ganzen Quittungsblock zum Selber-Ausfüllen schenkte, damit ich es den schweinischen Managern nachmachen kann (Achtung, Finanzamt: Ich habe den Block den Kindern als Schmierpapier geschenkt).

Auch wenn die Grünen ihre Vorschläge zur Benzin- und Kerosinpreiserhöhung wie politische Trampeltiere in den Wahlkampf geschossen haben (schlagartig sollen ja gar keine Preise erhöht werden, sondern Zug um Zug) – in der Sache haben sie absolut recht: Nur durch höhere Kosten bekommen umweltfreundliche Transportalternativen eine Chance. Erst wenn Energie und Sprit teurer sind, werden sich öffentliche Verkehrssysteme schrittweise verbessern, und Zwei-Liter-Autos werden keine Ladenhüter mehr sein. Ähnlich den Kochkünstlern bei der Bekämpfung des Gen-Food, sollten wir Reisepassionierte uns an die Spitze der Bewegung stellen. Seltener fliegen, dafür länger wegbleiben, wenn Londontrips

tatsächlich mehr als 299 Mark kosten. Aber auch da für technischen Fortschritt kämpfen. Denn natürlich ist es schön, Heinz und Monika endlich mal wieder zu sehen: Gleich holen sie mich ab, und wir gehen erst ins Theater und dann zu diesem tollen Inder, bei dem wir uns auch damals zusammen mit Dir trafen. Einen schönen Abend werden wir uns machen! Ich meine: Jetzt bin ich ja schon mal hier.

Meine eigene Anschauung

Reisen ist Wahrnehmung mit allen Sinnen

Lieber Bernd, Du alter Stubenhocker, laß Dir ein wenig Meereswind schicken! Ich sitze auf meinem Lieblingsplatz in Vieux Bouceau, in einem kleinen Restaurant oben auf der Düne, von dem aus man den ganzen weiten Strand der Côte d'Or überblicken kann und einen Atlantik, der so aufgewühlt ist, daß sein Tosen und Brausen alles umfängt. Salzig verklebt das Briefpapier, der Kugelschreiber, meine Haut. Die anderen sehe ich von hier aus in die mächtigen Wellen hineinrennen. Ich aber wollte ein wenig Schatten und Dir unbedingt von gestern erzählen: Ich war beim Stierkampf! Meinem ersten, er will mir nicht mehr aus dem Kopf. Auch hier, an der südfranzösischen Atlantikküste, gibt es den Sommer über immer wieder solche Spektakel, die spanische Grenze ist ja nah. Einmal wollte ich es selbst erleben; einmal echt. Nicht gefilmt oder beschrieben, keine Hemingway-›Fiesta‹ und kein ›Blood and Sand‹, kein Rudolph Valentino, sondern stinknormale Toreros. Einen wirklichen Original-Stierkampf.

Du ahnst jetzt schon, warum ich dabei an Dich dachte: weil Du ja meinst, der Mensch solle das Reisen doch lassen, schließlich gebe es Kino und Literatur. In erfundenen Geschichten liege mehr Spannung, eine höhere Wahrheit zudem. Denn in der Phantasie blieben fremde Kulturen und Orte unverfälscht von all den willkürli-

chen Alltagsbanalitäten, die vorfinde, wer sich tatsächlich auf den Weg macht: von Gewittern, die sich nicht mehr symbolisch entladen, sondern schlicht die Klamotten durchnässen; von ebenfalls anwesenden grölenden Bildungsreisegruppen, der eigenen Tagesform. Ins »Gefängnis der Wirklichkeit« werfe das Reisen, so fand ich Deine Antihaltung auch bei dem vagabundierenden Jugendstilautor Max Dauthendey formuliert: »Die Flügel der Geistigkeit werden dem Reisenden von der Wirklichkeit beschnitten«, so heißt es in seiner ›Himalayafinsternis‹. »Der Vielgereiste haftet mehr an der Erde als der Niegereiste. Er erscheint mir sterblicher als die übrigen Sterblichen ...« Ich hingegen setze Dir nach dem gestrigen Tage erneut mein Plädoyer für die eigene Anschauung entgegen. Torero-Romane und -filme sind aufregende Kopfreisen. Doch meine spontane Wahrnehmung kommt darin nicht vor.

In unserem kleinen Ferienort hatten sie Handzettel verteilt: Fiesta in Dax! Eine richtige große Corrida. »Das ist aber ernst«, sagte Harald. Ich sagte »klar« und verstand nicht. Schon von weitem knarzten aus riesigen Lautsprechern spanische Rhythmen herüber. Blechlawinen schoben sich aus allen Richtungen in die Provinzstadt unweit der Grenze. Stoßstange an Stoßstange. Gehupe. »Wo finden wir hier einen Parkplatz?« – »Spring du schon mal raus und hol Karten.« Ein Spießrutenlauf durch das Jahrmarktgedränge, das sich grell geschminkt mit Erdnüssen und kleinen Fleischspießchen eindeckt. Die Señora im großgeblümten Kostüm und ihr sehr viel kleinerer Señor im dunklen

Anzug haben sich zur Feier der Fiesta untergehakt. Nach endlosem Anstehen zahle ich einen unvorstellbaren Eintrittspreis. Harald hat es auch gerade noch geschafft. Wir hechten die Treppen hinauf ins Freie, zwängen uns durch bereits überfüllte Sitzreihen, steigen über Knie und Treppen wieder hinunter, klemmen uns auf unsere Plätze ganz vorn am Geländer, wir müssen die Allerletzten gewesen sein, Fanfare! Atemlos und mit Herzklopfen vor Neugierde und Angstlust sehe ich mich um: Rundherum das ganze Volk in praller Sonntagnachmittagslebensfreude. Dann verschwamm das Bild ...

Ich träumte, daß hochgerüstete Männer zu Pferde einem herrlichen kupferbraunen Stier mit langen Spießen in seinen Fettbuckel stießen und in der Wunde herumstocherten, wühlten, bohrten, bis das Blut wie eine Fontäne daraus hervorquoll, an den Seiten herunter über das dunkelbraune Fell, und nicht aufhören wollte zu quellen, so daß die rote Lache im Sand immer weiter auseinanderfloß. Der Stier, von der tobenden Menge um ihn herum ohnehin vollkommen verwirrt, schaute nervös ins Rund. Dann machte er zornig Jagd auf leichtfüßige Männer, die ihn mit wilden Zuckungen ihrer Körper und trällernden Schreien wieder und wieder provozierten, ihm bunte Speere in den Rücken hinein trieben. Kam der Stier, rannten die Männer behende hinter Schutzwälle am Rand der Arena. Der Stier hatte keinen Schutz. Blutstropfen stoben aus der Fontäne nach rechts und links, wenn er losschoß. Rote Zickzackspuren vermehrten sich im Sand. Immer müder wurde der Stier. Die Männer angriffslustiger. Der Stier langsamer. Die Männer wagemutiger. Sie stichelten weiter. Er raste, doch nur mehr nach innen. Jetzt war bloß noch einer der Kämpfer in der Arena. Der Eleganteste. Der Stier ging in Zeitlupe auf ihn los. Halb in den Knien, taumelnd zu den schräg geblasenen Klängen einer Trauermarsch-Karikatur. Er verfehlte sein tänzelndes Ziel. Der Mann taxierte sein schwer atmendes Gegenüber. Der Stier stand in Angst. Senkte im Stehen den Kopf. Zum letzten Angriff. Zur letzten Verteidigung. Demütig. Schwarzblende.

Ich erwachte vom Johlen und Toben der Menge und den triumphierenden Blechbläser-Tuschs. Der zusammengebrochene Stier lag nur wenige Meter entfernt am Boden, die Augen waren zu uns herüber verdreht. Im Takt der Musik zogen sie ihn einmal im Kreise herum und dann hinaus. Mir war flau, ich wollte weg, ich wollte den mörderischen Traum nicht noch fünf weitere Male träumen, doch es ging nicht; hinter mir versperrten eine Popcorn fressende Alte und ihre Enkel den Ausweg. Sie sah meine Blässe und sagte: »Es ist grausam. Aber es muß sein!« und stopfte eine neue Fuhre in ihr Maul. Nicht einmal eine Viertelstunde hatte das Töten gedauert. Schon sprengte der nächste ahnungslose Stier, wieder ein Ausbund an Muskelkraft, herein, jetzt in Schwarz. Ich beschloß, diesmal den Traumvorhang beiseite zu schieben. Auf merkwürdige Weise fühlte ich mich den Tieren gegenüber, da ich nun hier war, zum genauen Hinsehen verpflichtet. Ausgerechnet ich, die sich so oft über den ahistorischen, vermenschelnden Kitsch vieler Tierschützer aufregt, empfand regelrecht

Scham vor einem Stier! In allen Beschreibungen hatte ich zuvor nur das riskante und kunstvolle, indes höchst freiwillige Spiel eitler Toreros mit dem Tod, den hohen, auch religiös verbrämten Kult des Machismo wahrgenommen. Ich kannte einzig die Perspektive der mit dem eigenen Ego ringenden juvenilen Männer. Ihren Instinkt, ihr körperliches Geschick, ihre Lust an der Gefahr. Die Opferrolle des Stieres war dabei stets abstrakt geblieben. In der Wirklichkeit hatte ich Augen nur für ihn und fühlte mich angesichts der listigen Inszenierung des Rituals als Teilnehmer an einem abgekarteten Spiel. Ich sah jetzt genau hin, erst recht in dem Moment, da der Mann seinen Dolch dem paralysierten Tier hinter den Hörnern ins Genick stieß. Bei jedem weiteren Male erlebte ich neue, zuvor nicht wahrgenommene Dimensionen: Meinen eigenen Voyeurismus, das Schließen der Augen ist ja nur dessen Kehrseite; den Tabubruch, zu erfahren, wie das Sterben aussieht. Dann entdeckte ich in der Strenge des Rituals, so widersprüchlich das klingen mag, auch den hohen Respekt der Voyeure vor den stolzen Geschöpfen: Der Trauermarsch, festliche Begleitung eines »angekündigten Todes«, der mir zuerst makaber-ironisch erschienen war, wird tatsächlich zu Ehren des Stieres gespielt. Die Totenstille der wenige Sekunden zuvor noch unter Anfeuerungen und Applaus tobenden Arena, wenn Torero-Blick und Stier-Blick ineinander gebannt sind, ist nicht nur Ausdruck der Spannung – wird der Torero treffen oder getroffen? –, sondern in ihr schwingt auch Achtung vor der Würde des Opfertieres mit. Schließlich sah dem Augenblick des Tötens, zunehmend gefes- e symbolische Überwindung der unberechenba- lrohlichen Natur; ein archaisches Ritual, das in …er säkularisierten, modernen, entfremdeten Gesellschaft, in der die Ängste unterschwellig weiter existieren, vielleicht nur scheinbar zum Anachronismus geworden ist: Der Stier ist El Niño, die Rückkehr der Viren, der Treibhauseffekt, der Trieb – und der Torero deren Bezwinger?

War manches von dem nicht Hemingways Thema? Habe ich, was ich gestern selbst wahrnahm, überlesen? Ich werde alle Bücher wieder hervorholen – woran man erkennt, daß Du eine falsche Alternative eröffnest. Denn die Medien-Stierkämpfe sind ja aus meinem Kopf nicht verschwunden – meine eigene Erfahrung kommt vielmehr zu den Phantasiebildern hinzu. Das mit allen Sinnen aufgenommene Erlebnis ist allerdings stärker, umfassender, elementar. Bei meinem Stierkampf begann es schon mit dem ganzen Gerenne davor, der dünnhäutig machenden Spannung. Dazu der Geruch frischen Blutes, der immer giftiger beißende, unausweichliche Schlachthausgestank, den man nicht lesen kann und der den Tod fast unerträglich nah heran läßt. Und dazu gehörte, in die Gesichter der anderen Zuschauer zu sehen und darin zu entdecken, daß diese Tradition im Gegensatz zu meiner harmlosen Erwartung trotz Ferienortkommerzes und Urlauberzulaufs noch immer mehr ist als ein folkloristischer Abklatsch. Auch das liegt ja in Deiner Reise- und Realitätsverachtung: daß Dich eine vom Tourismus, allein schon durch Deine eigene Gegenwart »entzauberte« Wirklichkeit nicht mehr interessiert. Doch es liegt eine altbackene Selbsttäuschung in dieser Phantasie von der reinen, unberührten Kultur, die tatsächlich schon lange vor Neckermann aufgehört hat zu existieren: »Die Kritik am Tourismus, die er hervorbringt, gehört in Wahrheit zu diesem selbst«, schrieb Hans Magnus Enzensberger in seiner ›Theorie des Tourismus‹. »Ihre heimliche Ideologie, der Preis, den sie auf das ›Dämonische‹, das ›Elementare‹, das ›Abenteuer‹, das ›Unberührte‹ setzt, das alles ist ein Teil derjenigen, welche sich der Tourist als Reklame vorhängt. Die Enttäuschung, mit der der Kritiker auf ihn reagiert, antwortet auf die Täuschung, die er mit dem Touristen teilt.« Tourist will ohnehin niemand mehr sein. Aber die Lösung heißt nicht, zu Hause, sondern neugierig zu bleiben, um Gleichzeitigkeiten, Widersprüche, auch die Verluste herauszufinden. Selbst zu sehen, zu riechen, zu schmecken, zu hören, zu berühren. Medien zu mißtrauen. Zu fragen. Alles Anschauungssache, nicht nur beim Stierkampf. Ich mache mir mein Bild.

Übrigens ohne zu photographieren. Das Denken in Großaufnahmen und Weitwinkeln stört, zumindest wenn man wie ich Dilettant ist, die Unmittelbarkeit; es engt die Wahrnehmung ein auf das vermeintlich Spektakuläre, überhaupt Darstellbare. Damit verändert es über die Jahre auch die Erinnerung: Die Photos verführen das Gedächtnis dazu, sich dem hübsch eingeklebten Album anzupassen. Unter der Vorherrschaft der dokumentierten Momente, Orte und Menschen verschwinden leicht jene, die niemand festgehalten hat. Deshalb will ich ganz geistesgegenwärtig bleiben: gucken statt knipsen. Gut merken, in beiden Bedeutungen des Wortes: aufmerksam so viele Ebenen wie möglich, auch die scheinbaren Nichtigkeiten, mitkriegen – und sie behalten. Ich glaube, es war genau unsere Abhängigkeit vom photographischen Sicherheitsgedächtnis, über die sich vor Jahren in einem kleinen Dorf jener Ruander lustig machen wollte, der uns *coram publico* hochnahm. Wir waren zu Fuß gekommen; offenbar ungewöhnlich für Europäer, die sonst in Geländewagen diesen Ort ignorierend durchfuhren. Das halbe Dorf strömte zusammen, um uns drei zu sehen. Was wiederum wir ziemlich merkwürdig fanden. Christian buddelte seine Kamera aus dem Rucksack und wanderte mehrmals um die Szene herum, bis er für Micha und mich, die zwei Rucksacktouristen mitten in einer riesigen Menschentraube, die beste Perspektive gefunden, das Bild komponiert hatte. In dieser Zeit war ein junger Dorfbewohner in dem Kramerlädchen, vor dem wir standen, verschwunden, und kam mit einer ollen kleinen Pappkiste heraus. Die hielt er sich vor das eine Auge, kniff das andere zu, nahm nun umgekehrt Christian ins Visier und imitierte dabei dessen tigerartig bemühte Such(er)bewegungen so gekonnt, daß wir alle, die hochgenommenen Fremden wie die Einheimischen, in Gelächter ausbrachen. Spiegelreflex. Rollentausch. Blickwechsel.

Außerdem erzählen Photos, die »gefrorenen Augenblicke«, nur das Sichtbare: »Wer seine Aufnahmen unmittelbar nach der Reise durchsieht«, schreibt Günter Metken zu Recht, »der wird, wenn er ehrlich ist, nichts wiedererkennen. Wo sind die sich überlagernden Schichten von Geräuschen, wo die Menschen einer Straße in Bombay ... Und die Düfte, Gerüche, der Gestank, in Schwaden auf- und abwogend, sich süßlich oder scharf mischend, bis schließlich eine Räucherkerze den Fremden erlöst?« Auch die architektonischen Maße, die Höhen und Weiten einer mächtigen Kathedrale kann man nur mit den eigenen Sinnen erleben, ebenso wie Hitze und Rosmarinduft zur Schönheit einer griechischen Insellandschaft gehören; oder die eigentümliche historische Aura der mit rotem Leder bezogenen Kaminstühle im Liwadija-Palast zu Jalta, auf denen während der letzten Kriegswochen 1945 die europäische Zukunft bestimmt wurde. Noch schwerer läßt sich erst recht der Wahrnehmungs*prozeß* im Bild festhalten, die gerade unterwegs ständig sich wandelnde eigene Perspektive, durch die selbst die gleiche Szene beim zweiten Mal anders aussehen kann: Als ich zum Beispiel bei meiner Reise nach Guinea-Bissau, das reiche Europa noch in den Knochen, die Haupstadt sah, kam sie mir mit ihren – außer dem kleinen Stück asphaltierter Paradestraße – rotstaubigen Wegen und den paar abgeblätterten Häuschen aus Lehm vollkommen ärmlich und gewiß nicht wie ein Regierungssitz vor. Ich reiste weiter in den Süden des Landes und blieb eine Weile bei befreundeten Ärzten in einem Bauerndorf, in das man nur zu Fuß durch endlose Reisfelder und Bananenhaine oder mit einem kleinen Sportflugzeug gelangen konnte. Die Tage verbrachten wir damit, Essen zu organisieren. Es gab nur, was man selbst angepflanzt, gesammelt oder getötet hatte. Der abgelegenste Ort, den ich je besucht habe. Erst im Laufe der Wochen kristallisierte sich aus einer fremden und undurchsichtigen Oberfläche ein soziales Gefüge aus Lehrer und Polizist, faulen und fleißigen Bauern, notorischen Hypochondern und weisen Alten, Radiobesitzern und traditionellen Sängern, Geizhälsen und eifersüchtigen Ehefrauen heraus. Und als ich nach sechs Wochen von dort zurückkehrte, da erschien mir dieselbe Stadt Bissau mit ihren vielen Fahrzeugen, Menschen, Lagerhallen, Läden und Büros plötzlich wie eine riesige, kaum zu verkraftende Metropole, von deren vielfältigen Reizen ich mich regelrecht verunsichert fühlte.

Aber nicht nur die Wahrnehmung der fremden Welt ändert sich unterwegs, sondern auch jene des eigenen Daseins: Tiefe Dankbarkeit für dessen Leichtigkeit empfand ich bei jener früheren Zwangsarbeiterin in der ukrainischen Stadt Simferopol, die auch in den hohen Sechzigern noch drei Jobs hintereinander ausüben muß, 16 Stunden lang am Tag und sieben Tage in der Woche, und zwar nicht um reich zu werden oder ihren Kindern eine glückliche Zukunft zu ermöglichen, sondern wie immer schon einzig zu ihrem Überleben – in einem zugigen, ärmlichen Häuschen, das – scheinbar paradox – zugleich eng ist und leer: Auf nicht vorhandenen Schränken gibt es kaum etwas hinzustellen. Gewiß, selten gelingt es unterwegs, mehr als einen kurzen Eindruck vom Leben anderer Menschen zu erheischen; »›Was sie sind‹«, schreibt Zygmunt Bauman, »erschöpft sich in dem ›was man sieht‹«; oder in Gesprächen, die Momentaufnahmen ohne Geschichte und zukünftige Verbindlichkeit wiedergeben. Und doch können auch kurze Begegnungen nachhaltig erschüttern. Etwa die Gewerkschafter-Gruppe, die ich einmal nach São Paulo begleitet habe: Der Besuch bei Kollegen aus den brasilianischen Tochterfirmen ihrer Arbeitgeber ließ ihre auf dem Hinflug brennend diskutierten Kampfziele in Bayern schlagartig als puren Luxus erscheinen. Es ist ein Unterschied, ob das in einem abstrakten Flugblatt steht – oder ob man bei der Familie eines Arbeiters von VW do Brasil übernachtet, wo acht Personen in zwei Zimmern leben, ohne Kündigungsschutz, ohne Krankenversicherung, ohne Geld für Medizin, nicht einmal für Kleidung. Oder es kommt einem am anderen Ende der Skala das eigene Leben weniger üppig, dafür aber unendlich viel heiterer vor, wenn man bei einer Familie im stinkvornehmen New Yorker Vorort Rochester zu Gast ist, die ihre Tage damit verbringt, darauf zu achten, daß Klopapierrollen, Vorhänge, Handtücher und Zahnbürsten auch stets Ton in Ton zueinander passen.

Dort, in New York, wurde mir die einschneidendste Wahrnehmungsverzerrung klar: die Geschwindigkeit. Bisher war ich stets vom Flughafen mit dem Taxi in einer halben Stunde gleich in die Stadt hineingerollt. Dieses eine Mal aber ging ich mit einer bunt zusammengewürfelten Gruppe zu Fuß nach Manhattan hinein. Unser Marsch von den ersten Vororten bis zur Wall Street dauerte beinahe zwei Tage. Wenn man sich dem Big Apple von Philadelphia kommend ganz langsam nähert, dann sieht er alles andere als rotbackig aus: Es war, bis kurz vor Brooklyn, das Eintauchen in eine nicht für Menschen gedachte Zone. Ein Alptraum auf sich immer mehr erweiternden, unüberwindlichen, acht-, zehn-, dann zwölfspurigen Straßen. Er führte durch Abfallgebirge und Benzinlachen, entlang mächtiger Kabelaufmärsche und Antennenarmeen, die sich mit schreiend bunten Paraden der überall gleichen Dienstleistungsketten vom »White Diamond Hamburger« bis zur grellgrünen Hess-Tankstelle abwechselten. Wir konnten einander nicht hören, das Brausen der Autos erstickte jedes Gespräch. Ein Blick durch das stählerne Gitter einer Brücke: schier endlose, giftige Sümpfe unter einem glänzenden Ölfilm, darin schwammen Blechdosen und Wracks. Dann tauchten riesige Gaskessel, Fabrikhallen und Containerlager auf. Viele Kilometer lang war alles von dem Wunsch beherrscht, die Nase gegen den Gestank abdichten zu können. Chemikalien ätzten in den Augen, auf der Haut lag ein schmieriger Film. Kaum zu glauben, daß hier Menschen wohnten. Meistens Migranten, in Häusern schwarz vor Dreck. Ich stellte mir die Lungen ihrer Kinder vor. Zu Fuß nach New York: Im Auto an all dem vorbeizufahren, erschien mir fortan als Lüge. Diese Stadt konnte uns mit ihrem Überfluß nichs mehr vormachen. Wir hatten ihren monströsen Verdauungstrakt gesehen.

Gehen – das ist zugleich Ursprung und Vervollkommnung des Unterwegsseins. Gehen dauert, und wer Zeit hat, der sieht mehr; Unverhofftes, Unberechenbares, Ungeplantes. Auch, wie in New York, Unausweichliches, Ungewolltes; keine selektierte oder durch

Geschwindigkeit verschwommene, sondern die ganze Wahrheit. Zu Fuß kommt man näher an die Dinge heran. Man kann jederzeit anhalten, bleiben, kurz oder lang, wie man will, und ist frei in der Entscheidung zum Aufbruch. »Wer zu Fuß reiset, hängt einzig nur von seinem Willen und seinem Vergnügen ab«, schrieb der Hölderlin-Freund Johann Georg Ebel. »Diese Freyheit ist unbeschreiblich angenehm.« Man kann sie in Städten ausleben: In Manhattan muß ich wohl Dutzende von Kilometern zurückgelegt haben, Uptown, Downtown und wieder zurück, bei jedem Besuch neu. Ziellos durchstreife ich die Streets and Avenues, durchwandere nie gesehene italienische, chinesische, jüdische, puertoricanische, polnische, wienerische Straßenzüge, bis ich überrascht wieder auf ein bekanntes Geschäft oder den vertrauten kleinen Park in Greenwich Village stoße. Plötzlich gibt es nur noch Schallplatten-, Schmuck- oder Stoffläden. Vorbei an überraschenden Einblicken in Hinterhöfe mit Ökogärten, direkt daneben Obdachlosensuppenküchen, neben Ballettschulen für zarte höhere Töchter und einer Konditorei für Schokoladenkunstwerke, neben einer Schusterwerkstatt, so ärmlich, daß sie ebensogut in Daressalam liegen könnte; neben einer Kirche, in der die Gläubigen Hunde, Katzen, Wellensittiche und Schafe in den Arche-Noah-Gottesdienst mitnehmen. Spätabends landet man in einem Buchladen und schmökert darin eine Stunde bis Mitternacht, um dann hungrig ein paar Straßen weiter in eine kubanische Freßkaschemme mit krummem Eßbesteck einzufallen. Keine Taxifahrt vermittelt in vergleichbarer Weise die

Vielfalt dieser Stadt. Gerade zu Fuß wird in Atlanta oder Miami die amerikanische Autogesellschaft erfahrbar, in südamerikanischen oder asiatischen Metropolen das anarchische Wachstum, oder in italienischen Städten deren historische Schichtung.

Noch mehr verwirklichen sich die »Freyheit« und die Wahrnehmungsintensität der Piedophilie in der Natur. Das Wandern gilt als deutsche Macke; wohlan, in dieser Sache bin ich dann wohl zutiefst deutsch. Ich mag die Selbstüberwindung, noch bettwarm mit flachem Atem erst allmählich in die Gänge zu kommen und allmählich sein Tempo, seinen Rhythmus zu finden; wenn man sich einschwingt und sich völlig vergißt und doch ganz bei sich ist und zugleich Teil der Landschaft, die nicht vorbeirast, sondern in ihren kleinsten Veränderungen erkennbar wird. Zuerst denkt man an nichts anders als an das Gehen selbst – an die brennenden Blasen von gestern, die Erschütterungen im Knie auf schmerzhaft widerständigem Asphalt, an Muskeln, von deren Existenz man nie wußte. Doch dann beginnen die Beine, sich wie von selbst zu bewegen; nicht mehr ich gehe, sondern es geht. Der Kopf wird frei für Neues, die Synapsen geraten in Schwingungen, aus den Zellen fallen ganz leicht die Ideen für Geburtstagsgeschenke, die Lösungen gordischer Beziehungsknoten, neue Lebenspläne und -erklärungen. Daß die Bewegung des Laufens auch jene des Denkens fördert, haben schon die Peripathetiker genutzt, jene Philosophen, die während ihrer Vorträge im athenischen Lykeion umherzuwandeln pflegten.

Dann richtet sich die Wahrnehmung beim Laufen wieder nach außen: Den Tag lang Luft und Sonne spüren, den gleichen lauen Wind wie die Gräser, naß werden und wieder trocken. Welch wohliges Zufriedenheitsgefühl, wenn man ein erstes Ziel erreicht hat oder endlich den atemberaubenden Blick von der mühsam erklommenen Höhe genießt. Bleiben, wo es gefällt, pausieren in Kirchen, Museen, unter Bäumen und noch nicht wissen, wo man eigentlich heute nacht schlafen wird; vielleicht bei einem Bauernpaar; oder im »Romantik-Hotel Posthalterei«? Wolfgang Büscher hat zwar recht, auf dem Land ist es heute oft autogerecht unwirtlich und verbaut: »Unterwegs zu sein und in lustigen Wirtshäusern lauter interessante Leute zu treffen, ist eine hübsche Idee aus dem vorigen Jahrhundert.« Aber manchmal klappt es. Dann verbringt man den Abend in weinüberwachsenen sächsischen Wirtshäusern oder münsterländischen Klinkerkneipen plötzlich doch mit einem gerade in der Mehrzweckhalle der aufstrebenden Samtgemeinde gastierenden Kabarettisten oder dem Leiter der lokalen Stadtbibliothek, der alles, aber auch alles von der Gegend weiß. Und am nächsten Morgen geht es weiter ...

Niederbayern, das Weserbergland, das Waldviertel habe ich mir so erlaufen. Die Toskana, die halbe neuseeländische Südinsel, ein Stück des amerikanischen Appalachian Trail. Einmal den ganzen Seume-Weg nach Sizilien nachzugehen, ist mein Traum. Irgendwann, wenn ich ganz viel Zeit habe. Mit Mörike wünschte ich: »Mein ganzes Leben/ Wär im leichten Wanderschweiße/

Eine solche Morgenreise.« Mit allen Höhen und Tiefen: »Nur Reisen ist leben«, sagt Jean Paul, »wie umgekehrt das Leben Reisen ist.« Bloß eines, lieber Bernd, möchte ich nie: ankommen.

Literatur

Zygmunt Bauman
Flaneure, Spieler und Touristen. Essays zu postmodernen Lebensformen
Hamburger Edition 1997

Holger Th. Gräf / Ralf Pröve:
Wege ins Ungewisse. Reisen in der Frühen Neuzeit 1500-1800
S. Fischer Verlag 1997

Peter Gross
Die Multioptionsgesellschaft
edition suhrkamp 1994

Christoph Hennig
Reiselust. Touristen, Tourismus und Urlaubskultur
Insel Verlag 1997

Christine Keitz
Reisen als Leitbild. Die Entstehung des modernen Massentourismus in Deutschland
dtv 1997

Günter Metken
Reisen als schöne Kunst betrachtet
insel taschenbuch 1983

Micky Remann
Der Globaltrottel
Der Grüne Zweig 1983